评弹艺术家

侯莉君

朱寅全 编著

文汇出版社

目　录

周总理的亲切教诲

20 世纪 70 年代，由江苏省曲艺团汪梅韵（左）、侯莉君（中）、高雪芳演出的《八个鸡蛋一斤》（郁小庭改编）的弹词新短篇

遵循总理教导　坚持评弹下乡

侯莉君

辰光过得真快，敬爱的周总理离开我们已经整整四个年头了。每当我望着同总理合影的照片上他老人家那慈祥的面容，想着几次跟总理见面时的幸福情景，禁不住心潮翻滚，热泪盈眶。总理对我们评弹艺术和评弹演员那样深切地关怀，他的谆谆教诲，我永远不能忘怀。

1958 年夏天举行全国曲艺会演的时候，有一次在中南海怀仁堂演出，总理接见了我们。在休息厅的过道里正好遇见了总理，总理亲切地和我握了手，问我："你从哪里来？"我说："是江苏来的。""参加会演的吗？""我是唱苏州评弹的。"总理说："好啊！苏州评弹很好，很有艺术，你们辛苦了。"我拿出一本记事簿请总理签名留念，就在这时候，旁边的摄影记者给我和总理照了相。我回去不久，就接到了这帧珍贵的照片，我千方百计地把它保留着，至今还在。能与总理合影是我终生的幸

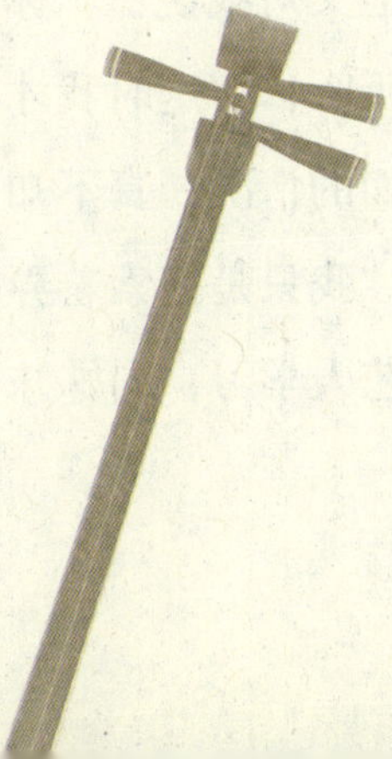

福。总理的高大形象铭刻在我心中，从此在艺术上更加严格要求自己，在说、表、弹、唱方面狠下工夫，有时为一句唱腔，半夜爬起身练习，这都是总理给我的无穷力量。

1960年第三次文代会召开期间，我又一次来到北京，在会议即将结束的一天晚上，周总理宴请全体代表，当时是在人民大会堂的一个侧厅里，我们几个演员坐在一个圆桌旁，总理也来就座，我的座位紧挨着总理。在座的还有陈毅同志以及电影界的白杨、秦怡等同志。总理满面春风地跟我们亲切交谈。提到评弹的时候，他说："你们要学评弹，我听过好几次评弹，评弹这个艺术很好，一个人要演好多角色。"然后又对着我问："你们那个说法叫什么？"我回答说："叫十三门半角色。生、旦、净、末、丑，外加口技等等什么都要演。"接着总理便讲："这个评弹是不简单的，能在大台上演出，又能在工厂的车间、农村的田头演出，很快地反映时事，能一个人演，最多两人、三人，真是'轻骑兵'！"他又对我说："你是一种流派嘛！哼几句出来听听！"这时我才知道总理是那样了解评弹方面的情况，真不知道怎么回答才好，只能说："我只是摸索着弄几句唱腔，首先是向评弹老艺人学习，向姊妹

1958 年夏，全国曲艺汇演期间，在中南海怀仁堂，周总理为侯莉君签名留念

艺术学习，我唱的曲调中的拖腔，就是向戏曲学习得来的。”总理说：“好嘛！要互相学习，取长补短！”他又问：“你带徒弟了吗？”我说：“带了几个。”总理说：“好，你要尽心教导他们，让他们多演出，多实践，做到又红又专。”并且勉励我们说：“你们要起到‘轻骑兵’的作用，要多下农村为农民服务。”我说：“一定遵照总理的教导去做，决不怕苦，多下农村。”

总理的这些教导一直在我耳边回响。为了不辜负总理对我们评弹事业的关怀和对我的亲切教诲，我总是尽我所知地教给学生，希望他们个个都能成长为有用之才；我经常下农村演出，不管是田头、会场，还是书台，我都像在大城市一样一丝不苟地认真演唱，农民同志也都对我很亲切，愿意跟我接近。

度过了国家遭受三年经济困难的时期，1963 年，我又随苏州市人民评弹团来北京。总理和邓妈妈曾两次看我们演出，一次在青艺剧场，一次在人民大会堂。当时演出的节目有现代题材的，也有传统的。我和汪韵梅、高雪芳三人合演的短篇弹词《八个鸡蛋一斤》，内容描写社会主义农村中公与私的斗争。总理对评弹说新唱新很支持。一次看完演出后，他亲

自上台接见我们，并对我们提出了服装问题。我们三个女演员穿的都是黑丝绒旗袍。总理说：“演农村题材，穿旗袍上台不太合适吧？”我们过去演出，从不讲究服装是否合适，而我们的总理观察事物却如此细心，及时地提出来，帮我们改进，真使我感动。说真的，演农村妇女穿丝绒旗袍是多么不合适呀！

总理前后三次接见，每一次对我都是极大的鼓励和鞭策。回想自己十三岁跟师学艺，由于不堪忍受书霸残酷的迫害和剥削，只得逃回家中。党解放了我，使我重新登上书台。当我在工作中取得了一些成绩的时候，党和人民又给我这么大的信赖和荣誉。我暗暗下了决心，一定要坚持不懈地努力，热情地为工农兵，为广大的人民群众演唱，在艺术上刻苦锻炼，精益求精，决不辜负总理对我们评弹艺人的关怀和期望。但是一场浩劫使我靠了边，浪费了我整整十年宝贵的时间。眼看评弹事业在林彪、“四人帮”文化专制主义的摧残下，越搞越不像样，心里何等焦急啊！

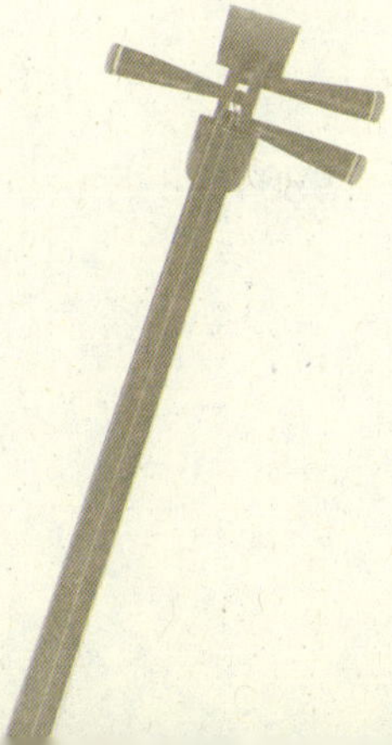

感谢党中央粉碎了“四人帮”，挽救了国家，也挽救了文艺事业。我去年又有机会去北京参加了第四次文代会。这次虽然由于再不能见到敬爱的周总理而心情沉重，可是在新的

形势下受到的教育鼓舞也是深刻的。今年我已经五十五岁了，精力虽然不如当年充沛，但我仍坚持下农村演出，同时带好学生。有些偏僻的水乡，农民长期看不到戏，也难得看场新电影。我想起总理的教诲，我们评弹是“轻骑兵”，就应当到那些别人到不了的地方去说唱。没有交通工具，我就自己背着琵琶、三弦步行下乡。这次出席文代会回来后，我和两个青年演员一起奔赴沙洲县文化书场演唱，我们同档演出，既是师生，又是同志，艺术上共同钻研，共同勉励。通过经常不断地下乡演出，我们同农民建立了深厚的感情，听到农民赞扬我们省团的演员谦虚、耐苦，没有架子，我感到莫大的慰藉。虽然我做了这些工作，思想上有了一些小小的进步，但是比起总理生前对我的期望来，还是做得太少了。

我们的好总理已经离开了我们，可是他的音容笑貌仍然神采奕奕地如在眼前。他的如金石一般的亲切教诲，将永远是推动我在新长征路上不断前进的动力。

——载于《曲艺》，1980 年 3 月

侯莉君的艺术生涯

含芳储秀的苏州弹词唱腔，是文艺百花园中一簇争奇斗艳的异花。它唱腔丰富，流派纷呈，有缠绵委婉的俞调，有朴素明快的马调，有雍容华丽的蒋调，有刚劲明朗的薛调……宛如繁花生树，春莺百转。江苏省曲艺团著名演员侯莉君同志创造的侯调，柔软细腻，起伏跌宕，委婉动听，别树一帜，加上她在说表上清脱潇洒，善抓感情，深受广大听众的欢迎。

侯调以俞调为基础，把蒋调升高八度，吸取了戏曲的拖腔，创造了丰富优美的旋律，赢得了广大听众。冰冻三尺非一日之寒，侯莉君从误入虎口到蜚声书坛，含辛茹苦几十载，用心血和热泪，浇灌了这一朵娇艳的流派之花。

凄风苦雨中逃离钱家班

在风光旖旎的无锡惠山脚下，侯莉君度过了她的童年。父亲侯汉城是个小职员，母亲王国英是个丝厂女工，虽然家境清苦，但因为是个独生女，深受宠爱。她从小长得秀眉大眼，娇小玲珑，爱唱爱跳，有一副好嗓子，刚过十岁，就能唱好多流行歌曲，如《渔光曲》、《何日君再来》、《天涯歌女》等，还经常到京剧票房去偷偷地听唱，对梅兰芳的《苏三起解》、程砚秋的《锁麟囊》等也能唱出些皮毛。邻居们都说她是一块吃开口饭的料子。不幸的是父亲不愿在沦陷区里趋炎附势，昏昏郁郁，一病不起，在她十三岁那年，父亲就早早离开人世。她只在沿方场小学读了三年就失学了。

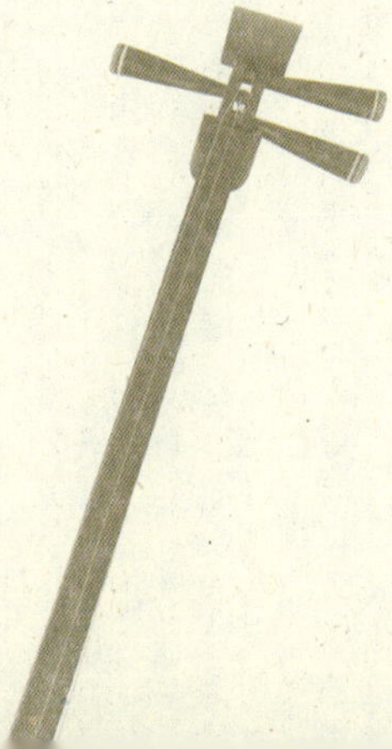

这年冬天，评弹界有个霸头钱锦章带了一些徒弟进无锡北门演出，轰动了无锡。他们进出包车，身上穿得漂亮，书场待如上宾。侯莉君的家就在北门露华弄。靠了一个在书场里

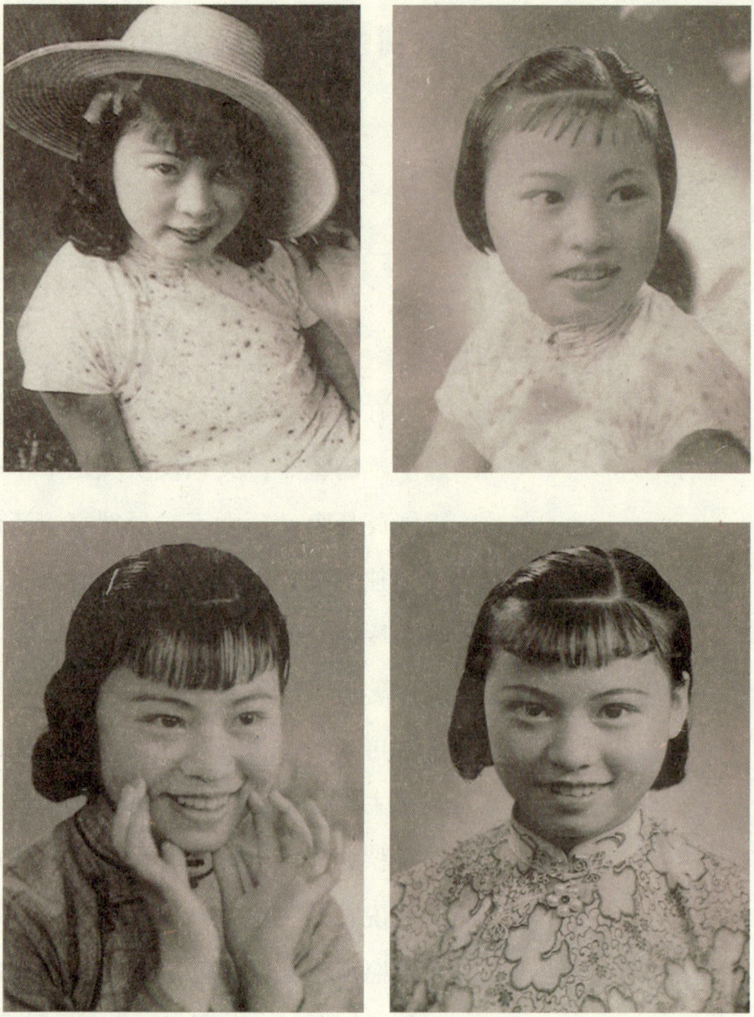

童年时期的侯莉君

当职工的亲戚的帮助，侯莉君经常混进书场听“戳壁书”，方始接触了评弹艺术，出现了学说书的念头。但钱锦章的条件苛刻得惊人：学三年，帮三年，六年才能师满，还要三百块银元作拜师金，一切伙食路费服装费自理。为了女儿的前途，她母亲四处借债，八方拼凑，还办了两桌酒，十三岁的侯莉君订了“合约”，立下“生死文书”，被改名钱凌仙，艺名即凌波仙子，进了钱家班。

闯荡江湖的生活开始了，师父露出了一副土皇帝的嘴脸。上台演出时，姐妹们涂脂抹粉，穿红戴绿，个个满面春风，花枝招展，一下台就披了破衣烂袄，忙着侍侯师父师娘，累得气喘嘘嘘。睡觉打地铺，早卷夜摊；吃饭看师父的脸色，总是半饥半饱，稍有不慎，就被拳打脚踢，日子难挨啊！

生活上的煎熬对“凌波仙子”来说，倒并不在乎，她心里存着一线希望：学得一身艺，不怕没饭吃。只要熬到满师，有个糊口之技，就能脱离苦海，但是，这一线的希望也很快破灭了。师父的艺术“传子不传婿”，平时从来不教一句说表，不指点一次弹唱。每次演出之前，师父口吐几句说白、搭口，排上一档唱片，就跟着上台。要想多演一个角色，多唱几句片

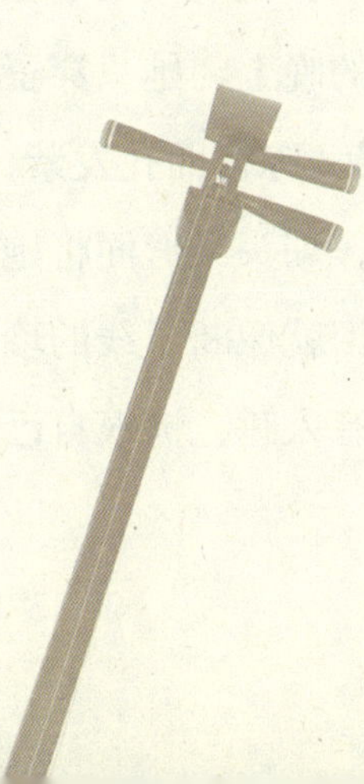

子，难上加难。眼看不能正大光明地学到艺术，她就做个有心人暗暗地“偷”了。别人弹唱时，她就悉心模仿，反复练习。从捧琵琶的姿势，乐器的弹拨，调弦，到唱腔，表演，起角色，出效果，无不“偷”学而来。

就是在这样恶劣的环境下，“凌波仙子”依靠自己的勤记勤练，逐渐摸到了艺术之门。不久，总算能够弹唱几句俞调的片子了。

旧社会里艺人不是人，女艺人更是过着非人的生活，在有些人眼里，她们不过是一只供人玩赏的“花瓶”，时时都会遇到破碎的命运。

小凌仙能哼上几句俞调，灾难接踵而来。小小的身材刚刚超过琵琶的高度，就要日夜上台演出，还要被霸头逼着去应付各种各样的堂会。一次，她被逼着去一个地痞家里唱堂会，这个家伙酒醉饭饱，连续点唱了六支开篇，还是呼幺喝六，不肯罢休，小凌仙愤怒之情油然而生，脸上稍稍露出了一些不满之情，得罪了这个“土皇帝”，他大发淫威，当场拔出手枪进行威胁。这是个春寒料峭的晚上，她只穿了件单薄的旗袍，熬到深更半夜，冻得面孔发紫，才放回家去，刚刚踏进房门，霸头又劈面将她一顿毒打，她倒在床上，眼泪就像断了线的珍珠簌簌而下。这一夜，她没有入睡，悔恨自己

误入了虎口。

几个师姐妹的暗暗哭泣，引起了小凌仙的注意，一天晚上，她发现一个师姐想寻短见，急忙拖住她耐心盘问，终于得到一个非常可怕的秘密，原来，霸头钱锦章灭绝人性，玷污了她。小凌仙预感到自己若再久留下去，也难逃霸头的魔掌，于是准备逃离这个虎穴。

机会终于来了。1940 年的隆冬时节，钱家班开到了吴江震泽演出。虽然风雨交加，天气恶劣，但震泽是个富裕的丝绸产地，书场生意兴隆，钱锦章要这些“摇钱树”拼命卖唱，开书之前，小落回时，正书结束，都要上台加唱开篇，姐妹们唱得筋疲力尽，倒到床上就沉沉入睡。可是小凌仙睡不着，一直睁大着眼等待时机。凌晨四点钟，隔房的霸头鼾声不断，师姐妹们也一个个鼻息浓浓，她悄悄地挟了个小包裹，顶着凄风苦雨，来到汽车站，乘了头班车子，逃离了钱家班，钱锦章仗着恶势力，利用“合约”进行威胁，经再三恳商，又花了一百担米才赎回“生死文书”，从此结束了卖艺生涯。后来，经人介绍，她就在私人开设的智用小学当了一名教师，恢复了自己的姓名，这是个神圣的职业，无人敢欺凌了，但微薄的薪金，仅能维持个人的生活，每逢过年时就是

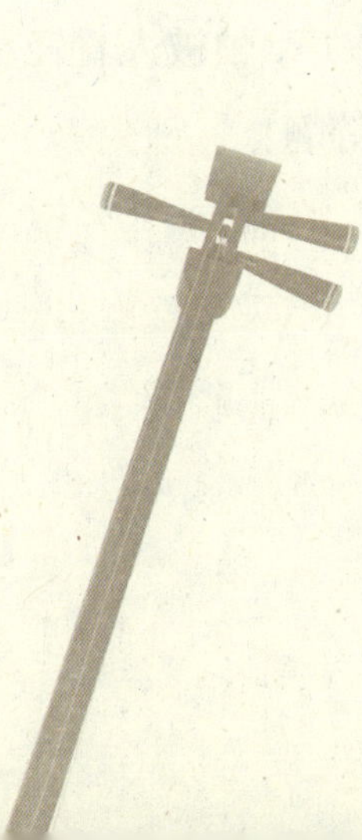

少女时期的侯莉君

难关临头，晚上看到大门处灯笼火光出现，外公外婆就躲藏起来，因为债主又要上门了。19岁那年，侯莉君嫁到了常州，离开了学校，逐渐还清了债务，生儿育女，博得了贤妻良母的称呼。做了家庭妇女，虽然她还是喜爱评弹艺术，但是婚后连唱也不敢唱一声，怕被人看轻。那个社会，艺人就是低人一等啊！

东方红乐曲中重登评弹艺坛

扬子江畔的隆隆炮声，赶走了蒋家王朝，霸头钱锦章被镇压了。

1950 年，她参加了政治学习，担当了防夜和治保工作，看到了一个个家庭妇女走上工作岗位，心也动了。

1951 年，侯莉君已经僵死了的艺术之心复活了，毅然从家庭里走了出来，参加了评弹协会，抱着“一切从头开始”的坚定信念，走上了坎坷的求艺道路。她抓紧分分秒秒，学习说噱弹唱。与曹醉仙合作《三打节妇碑》，与苏似荫演出《王孝和》，到 1953 年，才比较固定地与徐琴芳拼档演出长篇弹词《秦香莲》。取别人所长，补自己之短，进一步打下了基本功。

热闹繁华的大上海，人文荟萃，名家云集，评弹事业也正处在兴旺发展之期。当时，著名的评弹演员在第一流的书场演出，一般演员仅能在中型书场，当时还默默无闻的侯莉君只是在蹩脚的小书场，又称“边皮场子”上台。每天演出的收入仅能维持清苦的生活。

生活中常有汹涌的激浪突然向你劈面冲来，使你不知所措。那是1953年的春天，她在上海和其他演员越档演出，每天要赶六家书场。从头档轮到二档，从二档轮到三档，巡回下来，势必有一家书场要轮到她末档送客。这一家书场是个中型场子，条件好，座位多，业务佳。但是棘手的问题也来了：末二档演出的是杨振雄、杨振言弟兄双档《大红袍》，演出时听众反响热烈，下台时掌声满场，杨氏兄弟走出书场，听众们也潮水般跟着涌去。当侯莉君她们上台演出时，场里的听众已走得寥寥无几，侯莉君在台上如坐针毡，窘得无地自容，略略说了几句，唱上几声，就像逃命一样地下台了。真是个名副其实的“送客先生”。

初试歌喉，以失败告终。

挫败是压力，但压力也可变成动力。她经过苦苦思索，终于悟到了一个道理，有艺术，才能有听众。她的嗓音比较柔细，在唱腔上，没有蒋调和薛调那种豪放、铿锵的气质，加上上手徐琴芳的嗓音宽而低，乐器定音要比她低二度，台上只用一副琵琶三弦，演出中间又无

法调音，结果，凑了上手，她的唱就像叹气似的唱不上劲，听众也索然无味。这些情况逼得她坐卧不安，也逼得她去闯一条新路子。于是，她决定把送客的这家场子让给别人，争取时间多听书，书场里满座没有位子，她就站在台口听；走在路上，听见店堂里的收音机播送评弹节目，她就站在街头听，别人在房间里练习弹唱时，她就站在隔墙听。各种唱腔她都学，响档哑档的书她都要听，苦学必将苦练。

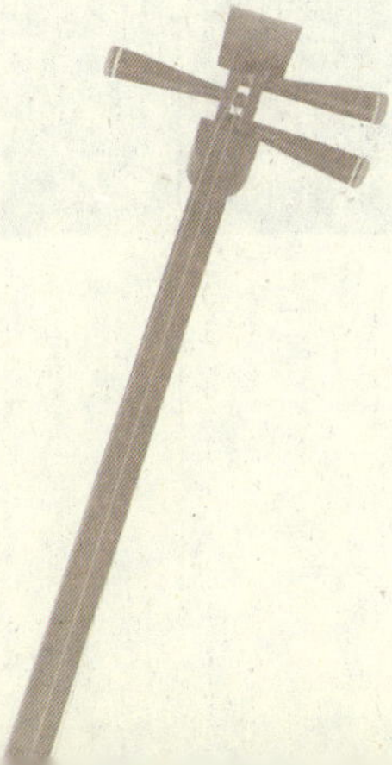

崭露头角《玉堂春》

只要功夫深，铁杵磨成针。

1953年冬天，上海评弹实验第三组决定在“米高美”书场上演《玉堂春》，因缺少演员特邀侯莉君参加演出。一直在“边皮场子”演出的侯莉君，突然接到大书场的邀请书，既高兴，又害怕。当时上海流行的星期日早场演出，听众中有同行，有场方，有记者，还有专家，弄得不好，会被听众轰下台来。面对这个现实，她想，不能存侥幸心理，必须在角色和唱腔上狠下功夫。

在中篇里，她演出第三回《苏三起解》，和陆耀良、沈笑梅、李子红拼档演出。按照苏三含冤受屈、悲愤填膺的性格特点，决定在唱腔上进行一次较大的革新。她试用低沉婉转的评弹俞调衬托苏三悲痛的心情，又用高亢激越的京腔来补充苏三愤怒的感情。但是，困难来了，唱过一遍，感到“俞”与“京”的唱腔只是机械地衔接，而不是柔和地溶化，为唱而唱，反而影响了感情的抒发。于是她苦苦琢磨，反复推敲，扣弦而歌，弦歌不绝，度过了一个个不眠之夜。有时半夜里想到一句唱腔，就连忙爬起来试唱练习。一个只读完小学三年级的人，在乐理知识上是一片空白，有时苦心得来的一句唱腔，会轻易地一晃溜走了，她就发“憨劲”

在琵琶上硬练、苦记、敲定。常常为一句唱腔、一个过门，甚至几个音符，反复哼唱几十遍。把人物唱得栩栩如生，把故事描绘得丝丝入扣，花了大量的心血，终于为苏三设计了一套唱腔。与此同时，她对说表、手面、动作等和同事们进行了细致的切磋和排练，为中篇演出做好了充分的准备。

这次演出获得很大成功。有红极一时的陆耀良陪演，有名家沈笑梅的说噱搭配，有李子红别具风味的三弦衬托。侯莉君在唱到“苏三离了洪洞门”时，她别出心裁，在“门”字上拖了一个小花腔装饰一下，使听众对唱腔有了一个新鲜的感觉，然后，唱法上用力一推，唱出苏三“披枷戴锁”的沉重心情，“慢步行”的唱词一出，她放慢速度，连用两个小转变花腔，恰如其分地描绘了缓缓而行的气氛；唱到“哪一位君子南京去”时，为了倾吐苏三满腔的愤怒和寄托，把俞调冲上去揉进京剧的长腔，再还原俞调。这时，听众席上引起了强烈的反应。然后，她再用普通的评弹唱腔，加上她特有的颤音和泣音，演唱“今生不能白头吟，犬马图报得来生”，声泪俱下，把一个封建社会里含冤受屈凄惨不堪的弱女演得真切感人。侯莉君相貌俊美，台风稳重大方，说表流畅亲切，眼神运用自然，手面动作干净，手到、眼到、心到，特别传神。她的余音未尽时，全场响起了一片热烈的掌声。整个书场为她倾倒了。

从书场出来，侯莉君沉浸在难以描绘的激动中，她愉快地回到了住地。一踏进门槛，发现屋里已坐满了各家书场的负责人，特别是第一流书场的负责人全部到了，平时和她不讲话、不招呼的场方，这时却道不完的祝贺词，说不完的恭维话，目的是要和她订立演出合同。天哪，这是做梦吧！不，这是事实，千真万确的事实，他们拿了合同要她签字，从边皮场子一下跃进了大场子，心潮起伏，万分激动，也看到了人间的冷暖势利，可悲可喜。侯莉君崭露头角之后，一下子名声大噪，红了起来。

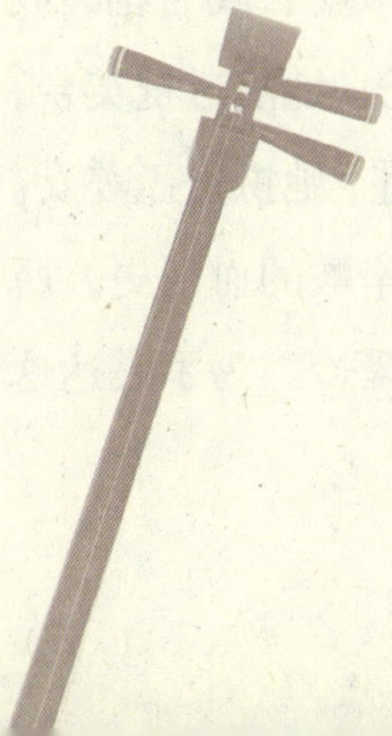

唱你自己的“侯调”

几句微微革新了的唱腔，获得了听众如此的赞许和欢迎，侯莉君做梦也没有想到。现在，第一步跨出了，第二步该怎么办？她看到当时书坛上有的姐妹红极一时，但时隔不久就默默无闻，成了昙花一现的人物，心里不禁引起了警惕，艺术是一座永无止境的高山，要勇于攀登。这时侯，她参加了评弹实验第五组，在党的“百花齐放，推陈出新”的文艺方针指引下，努力奋斗，为自己的艺术开拓了广阔的前途。

悠悠岁月，在书坛上流逝而去。一连串的演出书目中，侯莉君饰演了很多封建时代中受苦受难受凌辱的女性，或淑女、或名花、或怨妇，都历历如绘，入木三分。她演过祝英台，她唱过赵五娘，她演过秦香莲，她扮过孟姜女。因为自己的前半生也有一段辛酸的血泪史，所以对这些人物产生了同情和爱怜。为了表达这

1980 年 8 月，侯莉君与蒋月泉弹唱交流

些被压迫的女性哀怨缠绵的感情，她在俞调中不断化进悠长低回的京腔，尽力做到融洽无缝。她的嗓音清白醇厚，但也有不够宽不够亮的缺陷。对于自己的短处，不是采取消极掩饰，而是藏拙扬优。她想过：祁连芳音量纤细，他创造的祁调轻弹低唱，委婉悠扬而别具一格；徐云志嗓音欠刚劲，创造了音色甜润的徐调，被称之为“糯米腔”，他们能有所创造，难道我就不能？有一段时期，她曾与钟月樵拼档演出，钟月樵是蒋月泉的师弟，两人合作过一段时间，受其影响擅唱蒋调。侯莉君的唱腔在蒋调的基础上，上下回旋，柔和委婉，清音深沉，得以

发展。经过一次次独具匠心的精雕细刻，摸索孕育，侯莉君的“俞蒋京”化合的唱腔，逐渐融会贯通，化为一体，日趋完整。侯莉君在唱腔上的变化，引起了听众的注意。

1954年秋秀，在上海“时懋书场”的一次演出，给她留下了毕生难忘的记忆。

上海听众有个习惯，每逢星期六和星期天要求演员加唱开篇。这是一个星期六的晚上，侯莉君已经作了准备。帷幕拉开，她迈开轻盈的步伐踏上书台，还未坐定，听众们就报以一阵热烈的掌声。她轻轻地拨动了丝弦，随后报出：“请听什锦开篇《再生花》。”不想话音刚落，引来了一场风波，很多听众一边鼓

1980年8月，侯莉君、蒋月泉与香港票友张宗儒同游扬州瘦西湖

掌一边嚷："唱你自己的侯调'开篇'。"另外一部分听众，也一边鼓掌一边叫喊："要听什锦开篇！"听众们的掌声和叫喊声，把她惊得目瞪口呆，一时没有主意。这样杂乱的场面僵持了十多分钟，开篇一句也没唱成。为了避免听众之间不必要的冲突，她干脆放下了琵琶开始说书。在正书中，她用自己初步定型了的唱腔演唱了一档片子，使听众如临其镜，如听其声，如见其人，引来一片欢腾，听众们当场嚷了起来："侯调，侯调！这就是侯调！"

艺苑多奇葩，玲珑独一枝。"侯调"就这样被听众承认了。

侯调的影响，从上海开始，逐渐扩大到江苏和浙江，特别是无锡、常熟、杭州等地。

无锡是侯莉君的家乡。

春满锡城，繁花似锦，激情饱满，故乡之行，琵琶三弦，铮铮铮铮，书场书台，乡民乡音，场内场外，笑声阵阵，兴会淋漓，父老乡亲。

每次到锡城演出，特别轰动。20世纪50年代，在无锡蓬莱书场演出《梁祝·英台哭灵》。长方形的蓬莱书场，在崇安寺，坐东朝西，中式平房，长排靠背椅，书台较大而精致，有铜栏杆。侯莉君上场时，书场里的听客就混乱了，铜栏杆边、书台上也挤满了听客，台下抢着座位的是无票者，而预售到书票的听众反而挤在书场门口，无法入坐，马路上交通阻塞，车辆无法开动，行人不得通过，人民警察干涉也无用，书场老板怕挤坍房子，在台上连连叩头，但依然无用，结果还是侯莉君出面与在座的听众协商：明天加演一场，请无票者退场去票房购票。一场风波终于平息。

一年过后，侯莉君再次到无锡，在北门的一家书场演出，情况也是空前少有。一般正常演出是日夜两场，但实在无法满足听众的需要，就开早早场，早场演出后，加演一场下午场，夜场散场后听众还是不肯散走，场外又挤满了人，这样又只得再开一场夜夜场，一天五场，别开生面，史无前例。

因为北门书场靠近侯莉君故居，无锡听众出于同乡之情，气氛特别热烈，他们奔走相告，我们无锡出了个女状元！

20世纪60年代，杭州的一次演出，被称为“十八级台风”。大华书场演出新书长篇弹词《江姐》。场方规定早上八点开始预售票，而每当天光微明，听众就排成长龙，争先恐后。当演到《惊首》一回时，电台用大喇叭线牵到马路上，使无票者立在外边也能听到。谁知仍

1955 年，摄于杭州

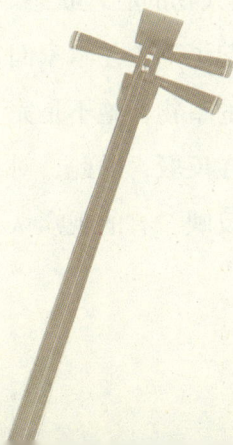

未满足，晚上九时，听众们就在书场门口排队购买明日的书票，并派代表进来，要求明日仍演《惊首》一回，侯莉君答应了听众的要求，但这时正处在寒风细雨之中，心里何忍！她就建议场方，让听客进书场过夜，生了炉子，将大衣、被褥借给听众御寒，直到购到票时才回去，演员和听众建立了深厚的感情，成了杭州的美谈。

京剧艺术家梅兰芳先生曾说过："大凡一个成名的艺人，必要的条件，是先要能向多方面攒取精华，等到火候了，不知不觉地就会加以融化成为自己的一种优良的定型。"流派是在继承前人的基础上形成的，流派是水到渠成，而不是随意树起来的。

侯莉君把这些话深深地印在心底。

经过了一段艰苦和漫长的探索道路，侯莉君终于在唱腔上创造了具有自己独特艺术个性的流派——"侯调"。她突破了弹词音乐的音区，扩大了音域，创造了婉转动听、娓娓不断的拖腔,深入细微地去刻划人物的心理状态。这个新唱腔当时在评弹界引起了不少艺术家们的注目。但是，一切新出现的事物，绝不是完善的，同时也有守旧的观点在反驳，因此，对于"侯调"也出现了不同的反映，有的观众认

为："侯莉君以悲腔吸引人，怪腔怪调怪路子，侯调不能承认。"

当这些议论飞进侯莉君的耳中之后，心中掀起层层波澜，又带给她辗转难眠的烦恼，她苦苦地想：我嗓音较差，高亢的俞调唱不上，喉咙单薄，醇厚的蒋调不敢学，按照自己的艺术条件，摸索一套唱腔，抒已之长，藏已之拙，难道是"怪"？为了避免唱腔上的陈旧和单调，从戏曲唱腔中吸收精华，溶化进评弹唱腔，丰富自己的艺术，这难道也是"怪"？徐丽仙的丽调不是从常香玉的豫剧唱腔中获得了营养，杨振雄的杨调也糅和了昆曲的特点，徐云志的徐调也从民歌、商贩叫卖声、京剧唱腔中吸取了素材？说唱悲腔是怪路子，悲腔有什么不好？孟姜女、赵五娘这些艺术形象就必须通过悲腔来感染听众，戚雅仙不也是用悲腔在越剧界独辟蹊径深受欢迎吗？毛主席指出"艺术上不同的形式和风格可以自由发展"，我在艺术上探索一条全新的道路，有什么不好？流派艺术的形成有一个过程，从不成熟到成熟，从量变到质变，在这个过程中，可能出现不伦不类，非驴非马，自己要有自信，要有主见，同时，又要虚怀若谷，气大量大，不论是捧是骂都要受得了。当然，侯调有一定的局限，不像丽调

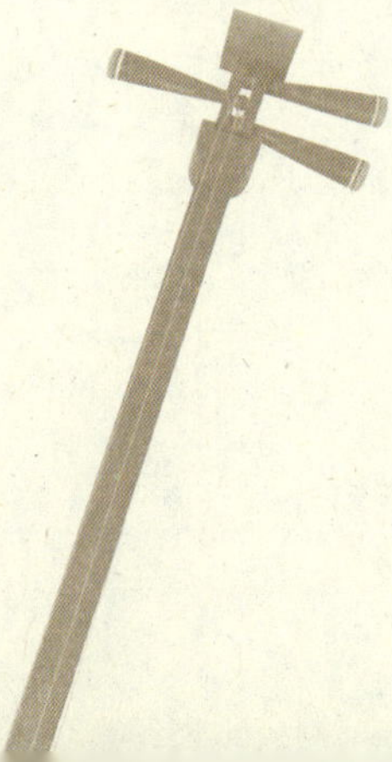

1960 年 7 月，摄于南京

那样能抑郁，能欢快，但才刚刚开始，经过努力将日臻成熟，总不能全盘否定。

在前进与徘徊的关键时刻，许多听众，包括记者、作家、教授，北京的路工、袁枫、鲁平，上海的赵景深、姚苏风、杨太郎、秦绿枝，苏州的张肇东等给侯莉君寄来了一封封热情的来信，给了侯莉君很大的鼓舞。

侯莉君懂得流派不能主观地自命，也不能盲目地吹捧，它本身就有一定的客观标准存在，首先要听众欢迎、熟悉、承认。其次是曲调上有鲜明的特征，有一定的可塑性、可变性、灵活性,对音乐和表演起到丰富和发展的作用。再次，师承前辈，自成一家，熟而生巧，巧而成格，抒己之长，藏之其拙，一人创造，众人相帮。

1961 年春天，陈云同志在南京听了侯莉君的演出，当曲艺团的团长汇报了目前评弹界对侯调的几种非议以后，陈云同志说：“对评弹唱腔，只要有点滴的创造革新，就要给予鼓励和支持，否定是不对的，有不足之处，再行改进。”陈云同志的话，使她豁然开朗，进一步得到了力量，她驱散了种种思虑，决心继续闯下去。

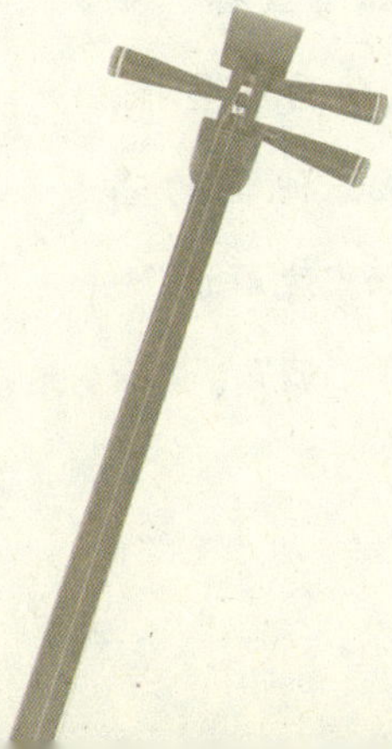

当时上海音乐学院教授蔺颇在《新民晚

报》上发表的《弹词的流派唱腔》的一文中谈到：

弹词唱腔之所以有流派，其形成还是我们这一代的事情。清代咸丰、同治年间，评弹以马如飞、姚似章、赵湖洲、王石泉为第一代，魏钰卿是第二代，传至沈俭安、薛小卿、魏含英他们是第三代。第三代人才云起，徐云志、蒋如庭，朱介生、祁莲芳、朱耀祥等皆居之，至于侯莉君、朱雪琴、徐丽仙等已是第四代。开出以上这一串名单，只是为了举例说明问题，并不表示这些人特别“名”一些，而且“代”的界线，很不明确，例如张鉴庭与徐云志同代，而朱雪琴的排辈又不应后于张鉴庭，他们衣钵相传的过程是辈次交错的。流派唱腔的正式形成，始于第三代。马如飞虽称“祖师爷”，但正宗的马调至今面目全非，今凡第三代的弹词艺人，他们的唱腔都已成为一家流派，如“沈薛调”、“蒋朱调”、“祥（朱耀祥）调”、“徐

> （云志）调”等等。这里有一个问题，很值得弹词艺人们加以深思，为什么上两代艺人，如第三代的上述各家，以及第四代的侯（莉君）、朱（雪琴）、徐（丽仙）他们，都能够以一家唱腔，成一代流派，而我们当代的“新秀”就只能在老一辈画定的流派圈子里兜来兜去，终于也没有兜出一个“一家新声”来呢？

从蔺颇的文章中可以认定，侯莉君创造的侯调以一家唱腔，成为评弹界第四代流派。

如今，繁花似锦，评弹界已有25种以上的流派唱腔，惜乎创造流派唱腔的艺术家们都走了，只留下了宝贵的遗产，等待年轻一代开发和创造。

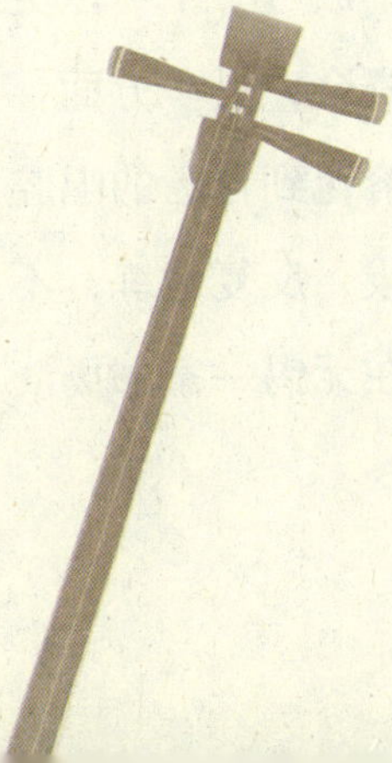

你真是个艺痴

梅花香自苦寒来。

侯莉君在孕育自己的唱腔时，如痴如醉，不知花了多少心血，弦外之音也动人，还闹出了很多笑话。

20世纪60年代，她和徐琴芳拼档演出。徐琴芳，弹词女上手，苏州人。16岁时随父徐丘泉学艺，当年即与父拼档演出。曾得到舅父评弹名家杨莲青指点，说表富有激情，刻画人物生动逼真，擅唱“俞调”、“陈调”为特色。侯莉君不懂乐谱，也没有条件请作曲者写谱，常常死记硬背，不断哼唱，不断地改。在丰富的音乐之海里寻觅艺术“母珠”，一方面，对唱词逐句地精心研究，绝不放过一个可以更好地表达内容、抒发情感的机会；另一方面，将别人的唱腔有机地吸收，溶化到自己的唱腔里，然后拿起琵琶反复地弹拔，反复地练，不让一句新腔滑掉。有一次，在无锡一家书场演

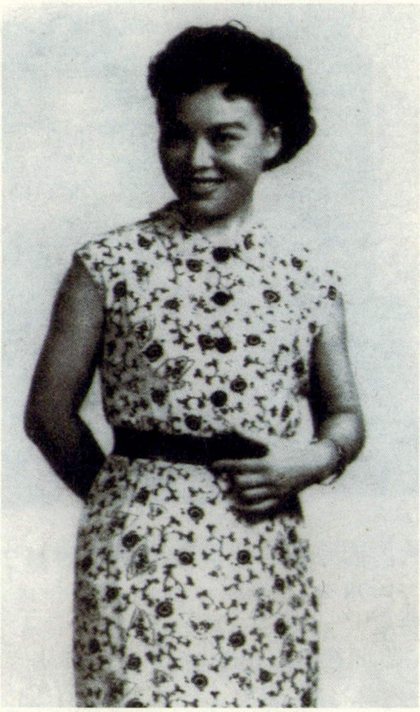

出，楼上是房间，楼下是书场。有一句唱腔在脑子里盘旋，她夜不能寐。突然一句唱腔形成了，急忙跳出被窝，拉亮电灯，下得楼来，跳上书台，抱起琵琶叮叮咚咚地拔弄丝弦，四面邻居都被"半夜琴声"吵醒了，徐琴芳推开楼窗诙谐地对她说："莉君，现在是啥辰光了，你又在发神经病了。"被徐琴芳一言提醒，侯莉君看了一下挂在墙壁上的时钟，方知已是夜里十二点多了。

艺痴是无法医治的。又有一次，侯莉君

在上海带四岁的儿子到凤阳路同济医院看病，看完病出来，就径直向成都北路自己的家走去。这时，她脑子里正在盘旋一句唱腔，整个心都沉浸到弹词音乐的天地里去了，边走边哼，也没有注意到儿子已经“反其道而行之”向南京路方向奔去。当她走到家里，母亲问她，小外孙哪里去了？她才发觉孩子已经走失，急忙全家出动，四处寻找，最后，好不容易在南京路上的岗亭里发现了孩子，当民警知道她为什么弄丢孩子的原因时，朗声大笑：“你真是个艺痴！”

再有一回，侯莉君在苏州书场参加中篇演出，住在文企招待所。她一边抱了琵琶设计唱腔，一边在用熨斗烫旗袍，常言道“心无二用”，她苦思冥想，沉浸在曲调中，顾了唱腔，竟忘记了熨斗一直压在衣服上，隔壁房里的同事薛惠萍闻到一股异样的气味，大喊：“哪里来的枯焦味？”侯莉君才如梦初醒，急忙将熨斗拎起来，唉，一件漂亮的旗袍已经烫焦了！

认真雕塑一个作品，有时也要闹笑话。20 世纪 50 年代，在上海成都路家里练习现代书目《伍嫂子》。家里地方较小，孩子多，加上亲友、邻居上门，她经常躲在小阁楼上苦练。有一次，她在背剧本练动作时高喊：“小牛，

不要想念妈妈，你要乖乖地不许动！不许动！”

这几句，实质是暗示新四军不要暴露。由于声高用力，全神贯注，母亲正好回来，顿时吓得在凳子上跳了起来，脸色发白，问：“什么事？”……她说清楚正在练习剧本，母亲如释重负，笑弯了腰：“你啊，真够认真的了！”

来发春风一千树，绿烟和雨暗重城。

“侯调”被听众承认为评弹流派唱腔之后，影响极大，十分风行，江浙沪评弹界好多优秀青年演员都自发地学习弹唱“侯调”，私淑侯莉君，认真学流派。

当时，无锡市评弹团的赵丽芳在上海演出时，一曲侯调受到听众的盛赞；上海长征评弹团的徐淑娟在演出中篇《孟丽君》和《第二次握手》里，演唱了侯调，听众们热情地鼓掌以示鼓励；常州评弹团的邢晏芝在苏州演出《贩马记》，在上海演出中篇《梁祝》时演唱了侯调，浙江省曲艺团的周剑英在长篇演出中，也演唱了侯调，特别在上海乡音书场演唱了《红娘问病》，听众们好评如潮，苏州市评弹团的赵慧兰在《盘夫索夫》的唱片里选用了侯调，现场效果极好。后来，侯小莉调到上海评弹团，扩大了侯调的影响，上海评弹团的青年演员冯小英和其他一些人都学唱侯调，一时

也掀起高潮。

评弹界有句行话："外行受，吃蹄膀；内行受，唱薄汤。"现在，外行和内行都受了，经过了检测和考验，侯莉君更加有了信心，更加珍惜自己的劳动成果，特别是"老听客"中央首长陈云同志的鼓励和支持，她要加倍努力，好好培养下一代，继承和发展自己的流派，虽然谈不上完美无缺，知道自己的长与短，"善用其长，不显其短"，还要坚定地走下去，更上一层楼。使流派之花在评弹百花园中开得更加鲜艳。

书坛萌新绿，师道诚可见。

侯莉君收徒的消息悄悄传开，各地评弹团的青年演员先后踊跃拜师学艺。常熟评弹团的高莉蓉，上海长征团的潘莉韵，江苏省曲艺团的孙世鉴、唐文莉、张文婵、王亚伟，苏州评弹团的侯小莉，昆山评弹团的蔡小娟，宜兴评弹团的强玉华，丹阳评弹团的顾佳音，还有吴莉萍、顾小燕等等。

侯莉君的女儿侯小莉，从小受到艺术熏陶，天赋佳嗓，说表清晰，台风端庄，勤奋好学，加上她对艺术的悉心钻研，在刻划人物方面，细致入微，有独到的功夫。演悲角情动于衷，哀中有怨。弹唱侯调如春莺初啭，委婉柔

和，别有韵味，富有激情和气势，能把角色的情绪表达得淋漓尽致，有很强的艺术感染力。听众们赞扬她“艺术精湛路子正，青出于蓝抒新韵”。她与评弹艺术家魏含英的女儿魏含玉拼档演出，红花绿叶，相得益彰，不愧都是名家后代。

在侯小莉的从艺之途上，也倾注了侯莉君的大量心血呢！小莉十四岁那年，稚气未消，考取了苏州评弹学校。每到周末的晚上，同学们纷纷回家度星期日了。在学生宿舍里，唯独留下了一个拖小辫子的姑娘，孤单单地躺在床上，她，就是小莉。因为家在上海，无可奈何，只能就地度假。此时正是国家经济困难时期，学校里的生活条件没有家里那样优厚，为了造就一代新人，学校教师对学生也来得严格,小姑娘初次离开家门,各方面均不习惯……这样清静又孤单的夜晚，小莉想起了慈爱的外祖母，想起了饭来张口、衣来伸手的家庭生活，辗转不能安眠。

翌晨，她提了个小拎包，溜到上海，一进家门，猛地扑到外婆的怀里，幼稚地说：“外婆，我情愿将来没有工作，不去评弹学校了。”外祖母把她视若掌上明珠，也舍不得她离开身边，抱着她：“噢噢，不去就不去！”

侯莉君全家福

侯莉君知道孩子逃学了，急忙赶到家里，先做母亲的工作："姆妈，睏在摇篮里不能学开步，藏在暖房里经不起风霜，你现在宠她，将来害她。"接着，再将小莉拉到身边，把自己从小学艺的坎坷道路讲给她听，还语重心长地说："现在党给了你们安定优越的学艺环境，不交拜师金，不当小丫头，不能身在福中不知福。老师严格一点，是为你们好啊。"一席话使小莉重又激发了学艺的愿望，她拎起小包，愉快地回到苏州，重返校园。

侯莉君不但是女儿事业上的启蒙人，而且是艺术上的精心培育者。小莉跨上书台以后，总是抓住一切母女相会的时机，进行辅导。当获悉女儿要参加中篇弹词《梁祝》的演出，她专程从南京赶到苏州，帮助女儿设计《哭灵》的唱腔，磨黄昏，熬半夜，一字一句传授技艺。小莉不但悉心模拟，而且按照自己的嗓音条件扬长避短，刻意求新，这个“小英台”一上书台，哀伤忧怨的感情抒发得淋漓尽致，赢得听众的好评。自小受到母亲的陶冶，她在“侯调”上得其真传，行腔软润，缠绵委婉，长于抒情，刻划人物，颇为细腻感人，且能掌握多种变腔，加之容貌举止酷肖乃母，青出于蓝，听众们都赞她为“小侯莉君”了。

唐文莉，江苏省曲艺团演员，侯莉君的媳妇，她嗓音甜润，小腔婉转，常在侯莉君身边受到辅导和锻炼，也是侯调出色的继承人之一。她在和孙世鉴合演的《新啼笑因缘》中，唱到《峨嵋观景》一段时，先用侯调描绘壮丽景色，到“云雾漫似海深”时，侯派长腔，委婉摇曳，一波三折，接着运用高亢甜美的俞调高亢入云，最后又用侯调收住，回肠荡气。唐文莉经过不断探索，创造出了一种清新典雅的韵律，形成了一种独特的演唱风格。

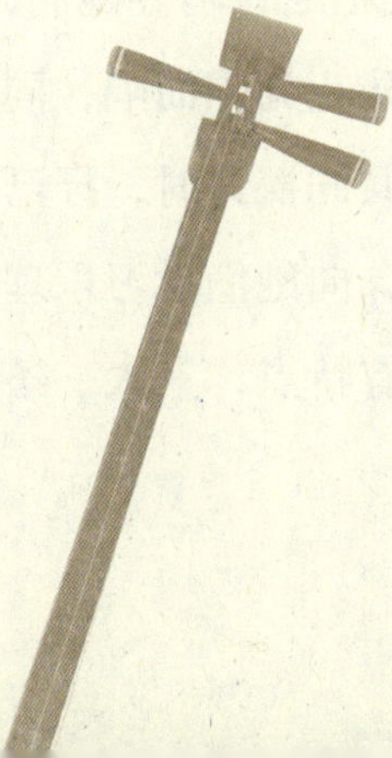

侯小莉（左）、侯莉君（中）、唐文莉同台演出

苏州电视台电视书场曾经录制了侯莉君、侯小莉、唐文莉一家三口弹唱的传统开篇《红娘问病》，侯莉君老练稳重，唱腔优美，侯小莉变腔自然，朝气蓬勃，唐文莉缠绵低回，弧形抒转，“三人行”突出了侯调唱腔清丽娴静、幽折醉软的神韵，文学形象与艺术形象高度统一，使评弹听众得到充分的满足，成为电视书场难得的珍贵的保留曲目。事后，侯莉君深有感触地说：在排练过程中，我不断地辅导她们，在唱腔上从内在感情出发，防止为唱而唱，同时，我也通过这个机会，在共同探讨时，抒己之长，藏己之拙，取长补短，向她们学习乐理知识。三人“一个调”，各有特点，三人一条心，艺术更完美。

从《莺莺拜月》跨步到《江姐·惊首》

侯调并没有因为少数人的非议而湮没。1962 年春天，炉火纯青的闪灼之作侯调开篇《莺莺拜月》问世。

侯莉君的艺术史展开了新的一页。崔相国夫人和小姐莺莺被围困在普救寺，书生张珙寄书讨来救兵，解了普救寺之围。老夫人言而无信，企图赖婚。莺莺反对长辈的专横做法，不顾封建道德的束缚，为追求婚姻自主而焚香拜月，把对张生的一脉情深贯注在这一“密语告穹苍”中。侯莉君抓住了这一情节的特点，充分发挥了侯调抒情传神的特长，成功塑造了莺莺的性格和对封建礼教的反抗精神。她在运腔遣字上，发挥了高度的技巧，有独到之处。把每个唱词分成了许多短距离音程，同时以各种装饰音作为衔接各音程的纽带。在平声音韵的大弧形抒转中，表达了莺莺缠绵低回的感情。在她委婉回荡的演唱下，一个在封建礼教束缚

下的相国千金，那种忧郁无告的烦闷心灵，像微风细浪，打动了听众。

春风送暖百花开，真情一片弦上流。

侯莉君在苏州书场演出。她弹唱的《莺莺拜月》已十分成熟，达到了艺术高峰，在评弹流派唱腔的艺术百花园中独树一帜，轰动了评弹故乡。

侯调以俞调为基础，把蒋调升高四度，吸取了戏曲的拖腔，创造了丰富优美的旋律，以宽广的音域，发挥了抒情和叙事水乳交融的特长，给人以丰富的想象，曲折婉转、娓娓动听的生动鲜明的印象，十分优美，如黄莺鸣春，又如微风细浪，一个在封建礼教束缚下的相国千金，那种忧郁无告、烦闷空虚的心灵，打动了听众。

丝纶阁下静文章，
钟鼓楼中刻漏长。
檐铃响，响叮当。
崔莺莺莺语唤红娘。

侯莉君以她通常的唱法开了头。

她先则配合歌词，在乐器上弹出叮当的音响，在面色、眼风上起了角色，崔莺莺登场了，侧过脸，亲切信赖地对红娘唱：

红娘呀，月明明明月当空照，
去张张张相公可是在书房？

“月明明明月”将轻轻带过，到“当空照”的“照”字时，分两段音腔来唱，先则高低不

平有心不在焉的味道。然后一个弧形音表露出复杂的心情，接着是低回而颤抖的尖细之声：

切思思思切情深重，
俏双双双美出兰房。

第一个思字，是冲口而出，有不顾一切之势，后突然一抑，一落千丈，音高骤然降低了八度，反映了莺莺思潮的起伏不定，表露了她陷于苦恋的郁塞。第二句节奏时张时弛，章法忽正忽乱，把两个在封建礼教重压下惴惴不安的少女又害怕又大胆的步履，隐隐约约表演出来。琵琶过门后，又出现了：

草青青青草隐池塘，
深夜夜夜深花径立，
曲弯弯弯曲绕回廊。

此时，侯莉君那抒情、柔和的行腔，充分表达了空灵幽雅的美感，特别是“深夜夜深花径立”这一句，是整个开篇最美的唱句。以侯调最美的装饰音稳中见活，轻松解脱，烘云托月，醇正优雅，艺术感染力十分生动。心里有，眼中才有，眼中有，声中才有。历历如绘，

栩栩如生，进入了美妙的艺术境界，给人一种丰富的艺术享受。接着：

一步步步入亭中去，
再添添添满一炉香。
莺莺拜，拜月光，
甜蜜蜜蜜语告穹苍。

情寄于声，声声传情，声情并茂。

行腔又有了新的韵味。相国千金的委屈无告，无可奈何，不得不求穹苍，诉哀怨情怀，曲曲传出，默默通神，轻吁低吟。下面是：

香飘飘飘入书房去，
愿他早早早步蟾宫香。

莺莺的相思之深，爱恋之切，表演得淋漓尽致。这时，表情转变，半侧着头，眼神同情，起了一个红娘的角色。

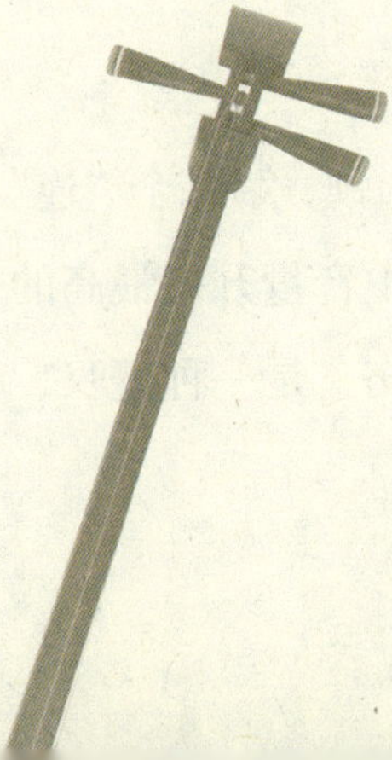

俏伶伶伶俐红娘婢，
口轻轻轻口唤红妆。
小姐呀，少停停停刻夫人晓，
又要怒冲冲冲打奴小梅香。

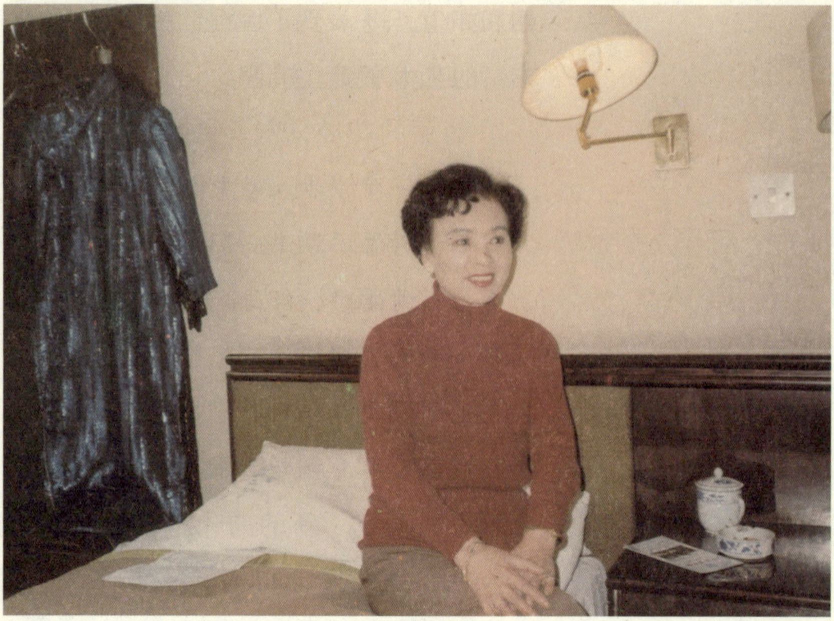

以声传情，以情动人。

一段无可奈何的婉劝，轻言软语。红娘的善良和同情，通过弹唱音乐缓缓传出。

小姐是连连连称是，
步忙忙忙步返兰房，
望巴巴巴望早成双。

第一个“连”字出口，一顿，第二个“连”字出口，骤然升高，是全篇中音量升得最高的一个字了，压抑、凄然、神伤，是一种慨叹、哀泣的交织，表现了缠绵低回的感情，另辟蹊径，使听众们产生共鸣，达到艺术效果。

俏丽的花腔，舒缓的长腔，引人陶醉，引人哀怨。

余音绕梁，决非一日之功。

整个唱段只有二十来句，她运用高低、强弱、长短，延续不同的拖腔，深深刻划了人物的心理活动与精神状态，将侯调的宣叙、咏叹溶化在一起，情丝绵绵不断，如黄莺鸣春，婉转动听。

听了使人荡气回肠，醺然而醉。

提到《莺莺拜月》，侯莉君深有体会地说："任何唱腔，要给听众留下深刻的印象。开场的一二句就要抓住听众的情绪，结尾的一二句就要让听众有所回味。中间演唱时，一定要心中有情，眼前有景。高亢的乐句让人震耳。同时也要用低沉的乐句来衬托，抑扬顿挫，也不能机械地一高一低，否则平淡无味。"

《莺莺拜月》当时就轰动了评弹界。听众好评如潮，优美、深沉、隽永。中央人民广播电台连连播放了多次，赞侯莉君创造了新的流派唱腔，富有个性的艺术手法，产生了较强的艺术魅力。

勤于事业，艺无止境。

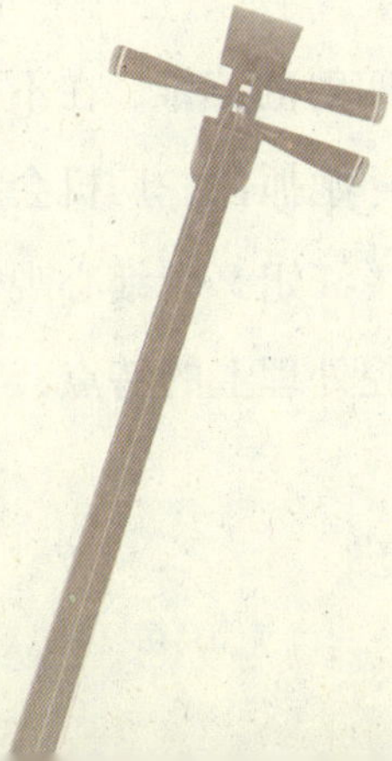

侯莉君与徐琴芳

一个好演员生活上容易满足，艺术上却永不满足。

《莺莺拜月》在抒发深闺幽怨上获得了成功，《江姐·惊首》则在抒发革命情操上有了新的韵味。

长篇弹词《江姐》，是侯莉君和徐琴芳合作的一个颇有影响的现代书目。在设计唱腔的时候，侯莉君考虑到莺莺和江姐是两个不同时代、不同性格的女性，决心在侯调演唱上来一个新的探索和突破。

为了演好江姐这个光辉四射的英雄，在不懂乐理和简谱知识的情况下，她抓住一切机会观摩各种戏曲和歌剧演出的《江姐》，细心观摩各种姐妹艺术在唱法和运腔处理上的特点，博采众长，进行吸收融化和衍变。平时，自己忙里偷闲反反复复地哼，反反复复地弹，哼上几十遍，弹上几十遍，才定下一个腔。这时候她头脑里转来转去全是唱腔，走路，吃饭，甚至睡觉，几乎无时无刻不在琢磨唱腔，整个身心沉浸在艺术创造中，像着了迷一样。

功夫不负有心人。

在《江姐·惊首》的演唱中，她一开始就用中速散板缓缓而唱：

天昏昏，夜茫茫。

高山古城暗悲伤。

把听众带进苍凉的意境。

继而，她利用特有的回肠欲断的颤音技巧，带有一种浓浓的悲剧色彩，腔随情转，引人共鸣：

寒风扑面如针刺，

心如刀绞痛断肠。

情景交融，节奏缓慢，起伏婉转，哀怨、凄苦、悲痛，引起听众和江姐在心灵上的共鸣。

实指望满怀欢欣来相见，
谁知你一腔热血已洒疆场。

这时，她的音腔骤然升高，在那尖利的压束声中，吐出了江姐凄然的呼吁，字字见悲愤，声声含血泪，哀泣之音，使听众黯然神伤。在江姐回忆和老彭以往一段并肩作战斗的往事以后想到自己是一个共产党员……

要挺住，要坚强，
要把满腔愤怒化力量，
怒火烧干眼中泪，
革命到底志如钢。

她从习惯的表演缠绵悱恻的韵味中挣脱出来，设计了一套反映明快纤巧意境的唱腔，运腔婉转，刚柔相济，清新激昂，铿锵有力。最后唱到：

誓把这血海深仇记心上，
昂首挺胸上战场。

在句尾长腔的掌握上，她注意了分寸，糅合了一些刚劲的评弹唱腔，以声传情，以情动人，声情并茂，气高志壮，在优美激情的唱腔中，塑造了回荡肺腑的江姐形象。

艺术贵在创新。

侯莉君不仅用独特的弹词音乐手段，塑造人物形象而且注意深入角色，通过说、表、演，刻划人物性格。她认识到说表比弹唱更为重要，说表是表达书情、塑造人物的主要手段，回此下了功夫，博取众家之长，融为已有，并取得成功，绘声绘色地把人物演活，不愧是个说、噱、弹、唱、演的名家。

以后，她又创新，演新，饰演了三个不同类型的老太婆：《大年夜》里的农村老太婆，既热爱集体，又带点自私，朴实风趣，惹人欢喜；《江姐》里的双枪老太婆，勇敢刚强，坚定沉着，令人敬佩；《春到银杏山》里的一个女校长也是老太婆，热爱教育事业，虽受尽挫折，仍坚持办学，令人感动。三个老太婆，身份不同，性格各殊。侯莉君通过自己的细心揣摩，并观摩了话剧、歌剧和地方戏曲对人物的塑造，结合评弹脚本中人物的个性、地位和具体行动，创造了三个不同身份、不同处境、不同性格的老年妇女的形象，真切动人，性格鲜明，深得好评。

百尺竿头，她又进了一步！

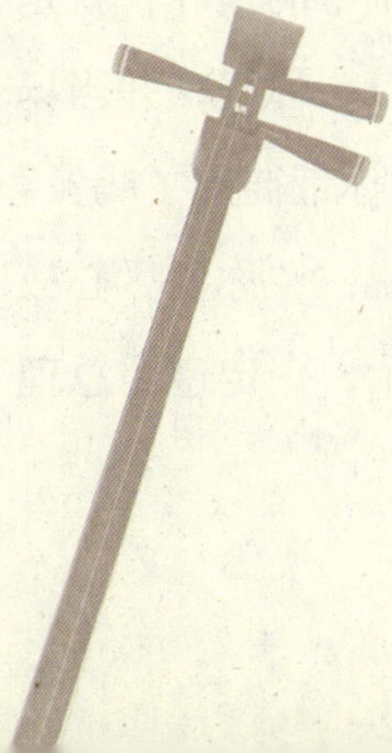

老骥伏枥，志在千里

1960 年金秋的北京在侯莉君记忆的海洋里，留下了人生最美好的篇章。

在中南海怀仁堂，侯莉君作为全国第三次文代大会的代表受到毛主席、周总理接见，握了手还一起照了相。

在人民大会堂的一个侧厅里，敬爱的周恩来总理宴请出席文代大会的代表，侯莉君也是其中之一，她紧挨着总理坐在一张圆桌上。周总理满面春风地和大家交谈，提到苏州评弹的时候，对坐在一旁的侯莉君和蔼地说：“你也是一种流派么！”侯莉君谦逊地说：“我只是摸索着弄几句唱腔，是向评弹老艺人学习，向姊妹艺术学习，我唱的曲调中的拖腔，就是向戏曲学习得来的。”总理点头称好，并当场为她题词。后来总理又问：“你带徒弟了吗？”她说：“带了几个。”总理说：“你要尽心教导他们。”侯莉君激动地表示，一定遵照总理

的教导去做。

总理的亲切教诲，给了侯莉君无穷的力量。几十年来，她呕心沥血地培养了一批学生，分布在江苏、浙江、上海的评弹团体。

1982年，在全国优秀曲艺节目（南方片）观摩演出中，因为年龄关系，已不上台的侯莉君又跳上书坛，参加了《探情记》的演出，如诉如泣，起伏跌宕，给观众留下了深刻的印象。《探情记》由张棣华、郁小庭创作，讲的是一位瘫痪的病人金大妈，她的儿子宝成已二十九岁，由于瘫痪妈妈的牵累，谈了八个对象都没成功。金大妈为了扫除儿子婚事上的“障碍”，决定离开儿子下乡居住，而宝成“不要成家要母亲”，不忍让她远走。上门相亲的小兰姑娘见一双母子，情深意切，深受感动，主动应允了婚事。侯莉君虽然现在已放下了琵琶，翻了上手，但特别注重说表。她认为，唱腔是构成评弹艺术的重要因素，说表上抑扬顿挫，也是一种音乐性，所以她每吐一个字，像是咬金嚼玉，生动有力。对侯调又进行了一次改革，唱得更加动听。她演的金大妈见到小兰时，尚不知是个上门相亲的姑娘，唱道：“我是半身不遂卧床衾，好端端变作残废人，病体折磨能忍受，倒是连累了儿子金宝成，年近三十难成

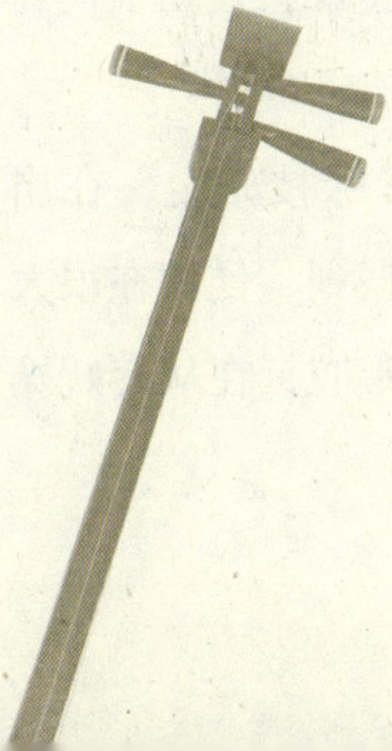

亲……”声带颤音，眼含泪花，随着起伏跌宕的唱腔，柔而不软，刚而不硬，听众无不为之感动。由于年龄和嗓音的关系，侯调的高音区她已难以冲上，但她配合人物个性，抓住感情，从宽度和厚度方面发展，采用低沉和婉转的旋律，如诉如泣，既符合人物感情，又不失侯调的特色，书场里的观众都点头称赞。

上海电台专门转播了《探情记》，《新民晚报》也专门刊登了评论文章，表扬了侯莉君老当益壮，老树开了新花。

上海新闻界资深记者秦绿枝先生，在出版的《弹词大观》的序言中谈到，侯调在很大的程度上吸取了京剧旦角的唱腔，在从容妩媚

中，突出其一波三折、迂回缭绕的风姿。唱侯调的人，必须具有一条好嗓子，还要中气足。已届垂暮的侯莉君，现在已拼不过一些学她的后起之秀，这也是侯莉君感到欣慰之处，后学者超过自己，不但艺术生命得以延续，而且得以发扬。每当侯莉君想到周总理金石一般的亲切教诲，想到陈云老首长的热情鼓励，想到听众们的殷切期望，就精神大振，意志不减当年，背着琵琶、三弦，带着学生，深入城乡演出。在演出中，对青年演员一丝不苟地进行排练指导，耐心启发他们掌握角色的感情。在唱腔上，她没有抱残守缺，固步自封，而是虚怀若谷，积极鼓励学生不受拘束，大胆创新。十分注意把他们推上主角的位置，自己乐意去充当陪衬人物。她说：“倘能见到自己的学生‘青出于蓝胜于蓝’，这就是我晚年最大的愿望。”也是她的千里之志。

一次，她与一个青年同台演出。由于青年在书台上稍有分心，说漏了一段细节，下台后有点不以为然，还嘻嘻哈哈。侯莉君见了心里有点难过。她当场认真地说：“我们在台上演出时，一定要有高度的责任感，应该一丝不苟。上海评弹团有个老艺术家刘天韵，有一次演出时唱错了一句片子，听众们并未发觉，但

他感到失职之痛，竟哭了一场；另一位艺术家杨振雄，台上说错了一句，下台后在房间里对着镜子自己打自己耳光，心里难受啊！”

她这一说，那位青年顿时脸红耳赤，认了错，保证以后认认真真说书，不辜负老师的期望。

是啊，侯莉君同志用心血和汗水浇灌的这朵“侯派”之花，一定将一代一代地接下去，开得更加绚丽夺目，放射异彩！

十月惊雷驱散了漫天乌云。

岁月易逝，侯莉君已年过花甲，两鬓白发斑斑。在“文革”内乱中，精神上深受折磨。十年深如梦，扶弦常叹息。在冰消雪化、万卉复萌的时候，又不幸患了一场重病，动了手术。此外，还有高血压，心脏也不好，体质较差。

大病痊愈不久，侯莉君又重返书坛。到了苏州书场，许多侯调书迷又蜂拥进场。

那天演出的是新短篇《大年夜》。演出结束后，她和熟悉的书迷见了面，开口第一句话：“和你们多年不见，青春不再，年纪大了。我的喉咙不大行了。”

“不不！”一位老听众说，“你的唱腔别具一格，独领风骚，莺啭呖呖的技巧并没有丝毫逊色。”当然，年龄是不饶人的，能看到

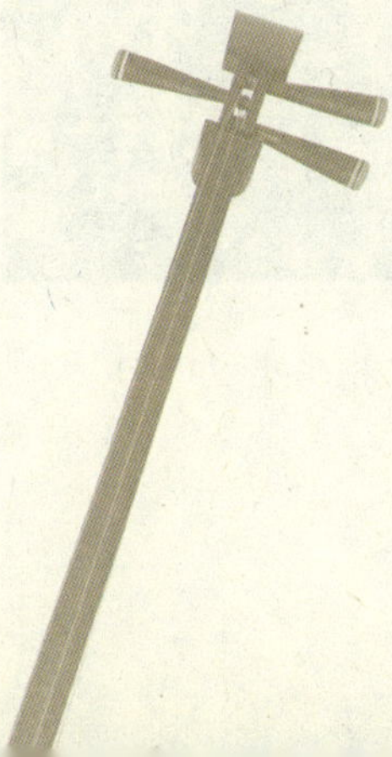

自然规律的局限，是任何一个清醒的艺术家应具备的辩证观。

有一位听众建议：“京剧里的麒派你是知道的。麒麟童根据自己喉咙音色的特点，设计了别具风格的唱腔，风靡一时，成为人们效仿的楷模，侯调也可以借鉴。你在《大年夜》里的一个唱段是相当得人心的，那就是比较缓慢的节奏，咬字吐音，一板一眼，这正是你过去不大采用的艺术手法，我们看是大有前途的。”

还有一位听众说：“你在表演上十分成熟。风趣的语言，生动的形象，加上深沉浑厚、清丽委婉的唱腔，在塑造人物性格上今胜于昔。”

1996 年 5 月 31 日，侯莉君与上海滑稽名家杨华生

侯莉君谢谢大家的鼓励，还是摇了摇头说：“我几层宝塔已爬到了顶，力不从心，没有戏唱了。”

说这几句话事出有因。在她百尺竿头、艺事日进的美好年华，突遭顽疾，一时被迫离开了心爱的书坛，情绪一度低落，陷入灰暗的苦闷之中。有几位女书迷知道，侯莉君患了乳腺癌，动了手术开了刀，有了精神负担，休养了一段时间，基本上已经病愈。在病中，她未能忘情于评弹艺术，常常在病床上哼唱侯调，病榻缠绵，恨不得心脏每一次跳，都变成跳荡的音符。凭的是一颗深爱民族艺术炽热的心，凭的是一种执着的奉献精神，摆脱病魔的折磨，挺了过来。

当知道这些病历后，听众和书迷更加敬佩她，更加鼓励她。

“侯老师，你是个好演员，我们喜欢你唱的侯调！喜欢你情感丰富的艺术表演！”

“侯老师，我们都崇拜你，希望你栽培好下一代！”

听众们的热情鼓舞了侯莉君，她不断地点头：“我一定继续努力，不服老，答谢大家对我的关心！”

1976 年的一个秋天，侯莉君接到通知，

到南京饭店演出。领导透了个消息给她，今晚全国人大副委员长彭冲要来听书。

侯莉君十分激动，老首长早在江苏担任省委第一书记的时候就是个评弹迷，常常来听她的评弹，时光匆匆，他去北京已好多年了，自己也年过花甲，演出机会少了，嗓音差了，不知道能否演好。她带着忐忑不安的心情，和已经成为自己儿媳的青年演员唐文莉前去南京饭店参加演出。她俩走上舞台，一眼看见熟悉的老领导彭冲同志坐在听众席中，对她们微笑点头。这天，她俩演出的书目是《落金扇·望梅轩》,侯莉君神态自若,说噱弹唱发挥得很好,唐文莉倒有几分拘谨。当演出结束时，彭冲会见了她俩，像老朋友见面一样问长问短，问侯莉君："身体可好？'文革'后有没有遗留问题？政策是否彻底落实？……"还表扬侯莉君嗓音还是很好，祝愿她永葆艺术青春，嘱咐她多带几个学生，使侯调艺术后继有人。当她俩恳请老领导对今晚的演出提出宝贵意见时，彭冲和颜悦色地对唐文莉说："侯调唱腔华丽，节奏舒缓，既可表达悲伤，又可抒发欢快，我很爱听，你条件很好，但艺术上有些稚嫩，尚不老练，要向你妈妈学习。"唐文莉应声点头："一定不辜负首长期望。"

晚年的“无声世界”

人生喜怒哀乐，命运变幻莫测。

本世纪初，年届八旬的侯莉君，在上海铜川路一处公寓里安享晚年。命运捉弄人，她的喉部出现了顽症，无情的手术刀切除了她的声带，一个曾经孕育了优美旋律的艺术家，从此失去了声音，完全进入了“无声世界”，这是多么痛苦又让人惋惜的遭遇。

一个个电话向她打来，一声声招呼对她安慰，一封封信件送到她的手中，一批批亲友、同事、学生上门慰问。她噙着眼泪，对各方领导、同事、朋友、学生、亲戚的关心，用手中那块磁性画板写下心中的语言，再通过身边残疾的大儿子回话、回信、回音，以缓解心中的烦闷。

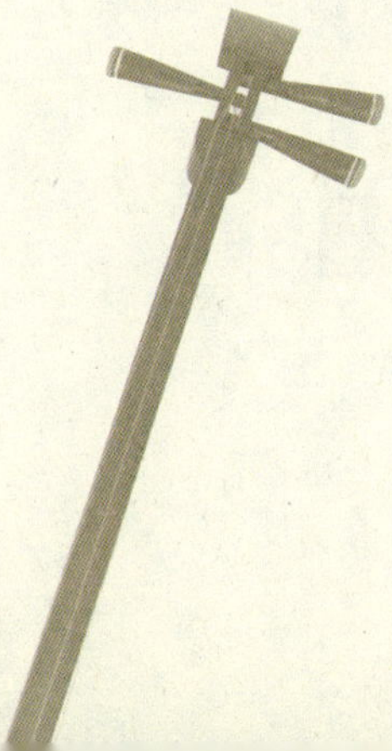

顾佳音，原丹阳评弹团演员，是侯莉君最后一个学生。1981年春，她亲自到丹阳收徒。当年5月，侯莉君带了顾佳音、唐文莉拼三个

档到南京百花书场演出《落金扇》，师生感情深厚。在老师喉疾手术以后，她经常陪在身边。

下面，摘取了几段她给学生顾佳音的亲笔回信。

——你对先生的好处说不尽。特别是我在医院里动手术的时候，你陪了我两天两夜，万分感动。回顾师生一场，我时时刻刻挂在心上。为我的病，你一次次从上海到南京，奔波劳累（报销异地医药费），想讲一些感谢的话，已无法开口，只能记在心里。

——内心的痛苦难以让人理解，你们一片真情实意邀请我到苏州休养，包括强玉华（另一个学生）都愿意照顾我，我真感激，此生无憾。我多么想来苏州和你们欢聚啊，但情与理都说不过去，不能把麻烦落到你们身上，至少不需要别人照顾，才能出来走走，

侯莉君（中）、顾佳音（右）、丁秀华徒孙三代

目前正在恢复时期，决不能拖累别人。

——生不如死，就是我现在的情况。多少话要讲，多少事要做，多少心意要表达，而一件事也办不成，想不到我已成了个残疾人，而不能讲话的疾病比其他病更痛苦，更残酷，你们来电话只能听，而不能回话，你们的心意和情感，我铭记不忘。

有的学生在上海演出，侯莉君非常关心，当病痛稍微好转的时候，还进书场进行指导，用小黑板传达面授，交谈，还是像以前那样一丝不苟。

——几次看你的演出，我感到你在逐步成熟。特别是你比过去更冷静，懂事得多，更可贵的是向你提出一些批评和建议，你都乐于接受，这是你最大的优点。知道你有进取心，先生也是出于肺腑，出于爱心、关心、衷心，希望你能利用有利条件，扬长避短，成为一代名家。

——这次大奖赛你得了奖，为你高兴欣慰，我也松了口气。昨天电视台把你的一回书日夜播了三次，我们全家也

看了三次，发自内心的欢喜。外形很漂亮，服装很得体，面部化妆也很好，头套戴得也很整齐，显得年轻。以后头套稍为抬高一些，额角压得太紧。

——在台上很大方，表情也真切。缺点是手势少了一些。比上次录的《冷宫怨》更成熟、更完满了。今后可以在唱腔上、动作上、情理上多多钻研。指法滚动要加以留神，防止“卖法”。天冷了，穿衣不要太单薄，免得对身体不利，千万注意。

时间如白驹过隙。

我和侯莉君老师接近，已经有半个世纪之多了。五十多年以前，我当时刚进常熟评弹团学习评弹创作。

记得那年的一个秋日，侯莉君和徐琴芳在常熟浒浦熙春书场弹唱《落金扇》，演出之余正在改编《江姐》的弹词脚本。侯莉君客气地把我请到浒浦，要我帮她写一点唱词，这是向评弹演员学习的极好机遇，我也求之不得。当晚演出结束以后，我们就合作改编《江姐上山》一个片段，我一边写，她就一边唱，句句

侯莉君与徒孙张蝶飞（潘莉韵学生）

琢磨，字字推敲，直磨到深更半夜。第二天下午，她就加演这个唱段。在听众报以热烈的掌声以后，她就用中速板缓缓而唱，当江姐回忆和老彭那段并肩战斗的往事，想到自己是一个共产党员，侯莉君从缠绵悱恻的韵味中挣脱出来，转换成明快纤巧的唱腔，刚柔相济，清新有味，以声传情，以情动人，塑造了回荡肺腑的江姐的形象。四十年前的一幕情景，至今记忆犹新。

2003 年 12 月下旬的一天上午，也是秋意盎然的金色季节，我女儿安排了公司里的一辆小车，让我和爱人蔡蕙华（苏州评弹团演员）

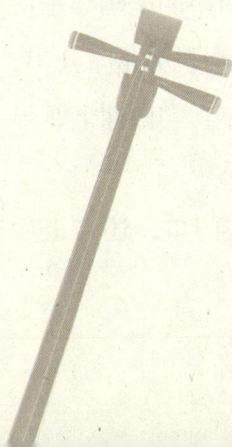

专程赴沪去探望已是耄耋之年的她。当我叩开她的房门时，她高兴地接待了我们。侯莉君一身红装，满头银发，耳聪目明，精神矍铄，眼中噙着激动的泪花。入座倒茶后，她迅速拿出一块磁性画板，用文字和我们交流。我问她“身体可好？”她写道：“很好。”我问她：“生活如何？”她写道：“安定，子女常回来看望，叫我去国外安享晚年，我不想去，还是留在国内。一来离不开故土，离不开评弹这个耕耘了一辈子的园地；二来身边还有个将近百岁的母亲以及一个身有残疾的儿子。”老弱病残，同病相怜，还要尽到照顾他们的责任。

她告诉我，她至爱评弹，一天也不脱离，电视书场、广播书场，每期必看，每期必听；上海举办重大的评弹演出活动、票友集会、评弹沙龙，只要方便，她都会应邀出席，并随身带着磁性画板，用文字来表达。市、区政协领导不时来看望她，社区领导经常上门问病送药，请医务人员来测血压，问长问短。当她的身体逐渐恢复之后，重又振作精神，意志不减当年，乐于奉献。她告诉我，人生最宝贵的是生命，一场暴病，可能使生命终止，碌碌无为最可怕，只要活着，只要有口气，还是要做些事情。她先后担任上海虹口区评弹协会会长、上海卢湾区评弹协会顾问，并在工作中取得了良好的成绩，受到了评弹工作者和听众们的好评。正在我们谈、写交流之间，电话铃响了，原来是上海曲协的老领导李庆福打来的，向她问好，并询问她的近况，她在电话机旁击掌几声，表示听到了，并拿出画板，写了几行绢细的小字：“谢谢老领导关心，我一切都很好。”我立即代言，挂了电话。

到了分手的时候，她执意把我们送到小区门口，还带上她

的磁性画板，郑重地写了几行字："我多么想再放声唱一曲自己的唱腔，唱了一辈子还没有唱够啊！"我看了这两行字，也禁不住泪花盈盈。我们依依惜别，车子拐弯了，还看到她伫立在门口的身影。

三天以后，我就接到了她的来信：

多年未见，原以为你来上海出差顺便来看我，见见面，因而来沪时间未能确定。谁料突然来到，专车、专程，还和夫人蔡蕙华一起上门，给予我格外的惊喜。

千千万万的心里话要讲，要问，而时间如此宝贵，不容许我秃笔浪费（指写画板），你们匆匆地饿着肚子走了，回苏州吃饭，我知道，贤夫妇不在乎一顿饭，我懂得你们的体谅、照拂，但我的内心无法平静，无法弥补心里的内疚和歉意，你们满腔的深情厚爱，永远无法偿还。……只有两个字表达：谢谢。

侯莉君与最小的学生顾佳音

临别时，和你们同来的司机亲热地对我说："您来苏州，我开车来接您。"

这是多么感人，再次谢谢，铭感！

2004年2月9日22时10分，侯莉君突发心肌梗塞抢救无效去世，享年80岁。

2月17日，在上海龙华殡仪馆举行了隆重的追悼会，上海、江苏、浙江的评弹界人士和评弹爱好者、评弹听众近千人，其中不乏白发苍苍的老书迷，都怀着沉痛的心情，向侯莉君老师的遗体告别。厅堂里放满了花篮、花圈，挂满了挽词、挽联。

在侯莉君的遗像两边，有这样一对挽联：

千转唱腔，独辟蹊径，培育茁壮桃李，新韵续古韵；

一生坎坷，两度重病，铸就坚强女性，无声胜有声。

追悼会上，江苏省艺术剧院（演艺集团）负责同志宣读了悼词：

今天，我们怀着十分沉痛的心情，悼念侯莉君同志。

侯莉君同志1925年11月出生于江苏省无锡市，1953年参加工作，先后任上海评弹实验组第五组演员、常熟市人民评弹团演员、苏州专区评弹团演员、江苏省曲艺团演员、江苏省歌舞剧院评弹演员，1990年光荣退休。

侯莉君生在旧社会，父亲早早病故，为了维持生活，十三岁就投师学艺，饱受了凌辱，受尽了压迫和剥削，最后逃离了演出班子。是新中国，是共产党把她从苦海中解救出来，她毅然走出家庭，参加了评弹协会，当上了人民艺术家。她参加了民主党派，成为了中国民主促进会会员。两种社会的对比，使侯莉君同志更加热爱社会主义，热爱共产党，拥护党的文艺路线、方针和政策，把自己的一生献给了评弹事业。侯莉君同志是一位德高望重的艺术家。她对艺术不断探索，刻苦钻研，精益求精，倾注了她毕生的心血。她在唱腔上苦心钻研，在俞调和蒋调的基础上不断发展，改革创新，她演过祝英台，唱过赵五娘，扮过孟姜女、苏三，由于对这些被压迫女性的同情和爱怜，为了抒发哀怨缠绵的感情，独具匠心，她在俞调中不断化进悠长低回的京昆唱腔，融合贯通，化为一体，逐步形成了具有独特风格的委婉动听的“侯调”流派唱腔，在江浙沪等地广为流传，成为最受欢迎的评弹流派唱腔之一，深受广大听众的赞誉和欢迎。

侯莉君同志在工作期间，勤勤恳恳，

任劳任怨，常年深入演出第一线，以自己的实际行动，为江苏省评弹事业的发展做出了突出贡献。由于她德艺双馨，成绩显著，多次获得荣誉和奖励。1960年荣获“先进工作者”称号，并出席了省文教群英会。同年秋天，她光荣地当选为全国第三次文代大会代表。1962年任南京市政协会员。在业务方面，1958年在全国曲艺会演中演出的苏州弹词《六对半变一条心》荣获一等奖，1978在苏州评弹会演中演出的《春到银杏山》荣获一等奖，1982年在全国南方片曲艺会演中演出的《第九次爱情》荣获一等奖。

侯莉君同志的逝世，使我们失去了一位敬重的老前辈、好同志、好老师，她将永远值得我们缅怀和学习。她所创造的优美的评弹流派唱腔，将成为评弹艺术宝库中一份宝贵的财富，得到继承和发展。

侯莉君同志虽然和我们永别了，但她永远活在我们的心里。

……

斯人已去，高风犹存。

莉君老师走了，评弹界人士没有忘怀，演员们都很牵记，听众们也常常挂念。

莉君老师并没有离去，她的为人，她的艺术，她创造的流派唱腔，像天上的一颗星星，还闪闪发出熠熠的光彩，明亮照人。

同行情 姐妹情 师生情

评弹四姐妹，从左至右：王月仙、侯莉君、蒋云仙、徐丽仙

1955 年 7 月 12 日，上海市评弹实验第五组全体组员

侯莉君与孙世鉴、唐文莉师徒演出照

含辛茹苦谱新声

李庆福（原上海市曲艺家协会副主席兼秘书长）

（一）

辛酸际遇忆童年，
轻啭珠喉旧恨牵。
蹊径何当凭自辟，
低吟曼咏总缠绵。

（二）

含辛茹苦谱新声，
拼搏精神共艺存。
跌宕起伏旋律美，
传承自有后来人。

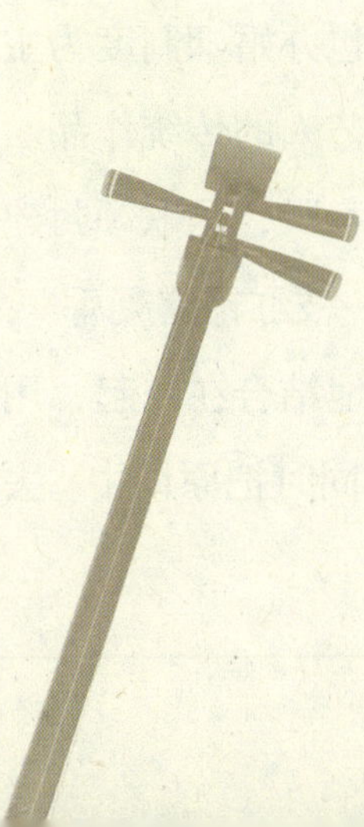

侯调《莺莺拜月》

路工（北京中国民间文学理论家）

弹词是江南人民喜闻乐见的艺术花朵。在党的“百花齐放、推陈出新”的方针指引下，优秀的弹词艺术家们创造了不同风格的、人民群众喜爱的流派，争艳在文艺的百花园中，侯莉君同志创造的“侯调”就是其中之一。

“侯调”以“俞调”为基础，把“蒋调”升高四度，汲取了戏曲的拖腔，创造了丰富优美的旋律；以宽广的音域，发挥了抒情和叙事水乳交融的特长，给人以富有想象、曲折婉转、娓娓动听的鲜明印象。

《莺莺拜月》是“侯调”的代表作之一。这个以反对封建礼教与父母包办婚姻制度为主题的开篇，原来是清代弹词艺人的传统作品。原词第一句“丝纶阁下皆文章”，是歌颂封建帝王的，侯莉君同志改为“一枝红艳露凝香”，这样使情和景从开始就紧密地结合在一起，用“红艳”衬托出莺莺的形象。同时把原词中“去

1997年9月，侯莉君（右）与苏州评弹团王鹰

张张、张相公可得在书房”改为“去张张、张相公他可在读文章”，这样一改不但更具体地表现了莺莺对张生的深情，而且和后面的唱词“愿他是早早、早折桂枝香”，起了前呼后应的作用，增强了莺莺对张生的殷切期望。这个修改是完全符合“批判、继承”的原则的，使唱词更好地表现开篇的主题思想。

《莺莺拜月》出自《西厢记》中崔相国夫人和小姐莺莺被围困普救寺，书生张珙寄书讨来救兵，解了普救寺之围，老夫人赖婚以后，是崔莺莺的一个反抗封建礼教的行动。莺莺不同意老夫人言而无信的专横做法，因此不顾老夫人的威严、封建伦理的束缚，为追求婚姻自

1995 年，参加上海票友专场，侯莉君（右）与吴县评弹团陈丽鸣合影

主而焚香拜月，把对张生的一脉深情贯注在这一“密语告穹苍”的行动中。“侯调”抓住了这一情节的特点，运用拖腔的变化和强烈的高音，成功地塑造了莺莺的性格和反抗精神。从首句“一枝红艳露凝香”开始，到“去张张、张相公他可在读文章”止，用抒情和叙事相结合的歌咏表现手法，描述了明月下莺莺唤红娘的情景。唱到张相公的“公”字，用比较短促的重音，点出了莺莺心中对张生的关切。紧接着，“切思思、思切情深重”这一句，表明了莺莺对老夫人赖婚行为的背叛和她心中对张生解救后所产生的强烈爱情。这时，乐曲用高八度的强音，从“切”字到“思”字进入了高潮，真像微波荡漾的海面出现了滚滚巨浪。通过高

音的拖腔旋律，细致、深入地刻划了莺莺情深似海的思念。让听众眼前出现的这一位相国千金，并不是娇声怪气的小姐，而是一位具有反抗精神、追求自由幸福生活的天真、纯洁而又多情的姑娘。这种反抗精神，在“俏双双、双美傍西厢”后，唱到“身依依、依身花间立”，这个“依”字用持续的高音拖腔表现时，进一步赞美了莺莺勇敢、果决的反抗性格。接着用音乐语言，描绘了普救寺的景色，用最强音歌颂莺莺“一步步、步入亭中去”，这一步、一步，是反抗的道路，莺莺在前进！她为实现自己的心愿，到亭中去“烧香拜月”。乐曲运用拖腔的高低音变化，组成了优美的旋律，细致、深入地刻划出莺莺反抗的精神面貌，使人物一步步进入更高的境地。到拜月再添一炉香的时候，莺莺的心愿通过两句唱词表达出来：“香飘飘、飘入书房去，愿他是早早、早折桂枝香。”音乐处理并不是用更强更高的音符去表现的，这正是由于对人物的性格和唱词有深刻的理解，可以为表述莺莺内心深处的思想感情，用女声温柔、婉转的嗓音唱出“香飘飘”以后，“飘入书房去”在最后“去”字上运用亲切、悦耳，从强转弱的拖腔，从高音到低音的转化，使听众感觉到：香烟渐渐飘入书房去了，莺莺的心

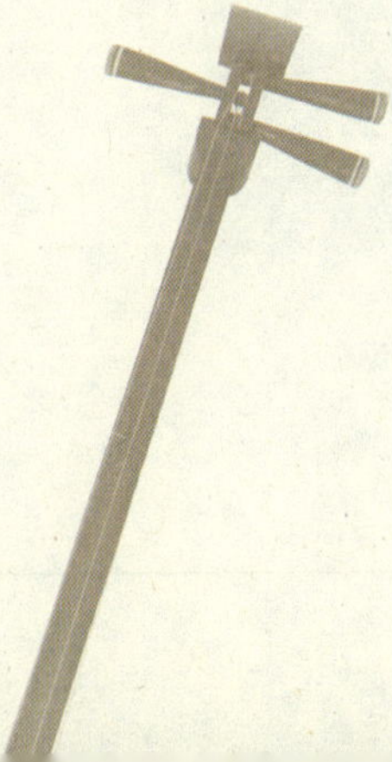

愿也随之飞向张生的身边。

这个开篇到此，已经发展到最高点，就像上到高山之巅然后缓步下山一样，唱词表述的内容转折到表现老夫人——代表封建礼教的反动势力这一面。在这个转折点上，红娘起了关键性的作用。红娘已经觉察到：拜月的莺莺

侯莉君与苏州评弹团邵小华

忘记了一切，把心愿寄托在张生身上，把老夫人的严厉家训甩到脑后。因此，红娘为了支持莺莺的行动，必须及时提醒莺莺，不使老夫人察觉。音乐上用动听的拖腔，突出了“俏伶伶、伶俐的红娘婢”的赞词，特别对“红娘婢”的“婢”字下了功夫。婢女是封建社会最底层的受压迫者，也是最敢于反抗封建礼教、不怕反动势力的反抗者。曲调对“婢”字用断续延长了的拖音，刻划出红娘——聪明伶俐、具有正义感、善于进行曲折斗争的反抗者形象。通过红娘说出老夫人知道了要发生的后果，以后这时又高音旋律，美好得像工笔画那样精细，唱出“情依情”恋恋不舍的莺莺返回兰房去，而情丝难断，最后一句“望巴巴、巴望早日配成双”，这个莺莺追求美满生活的最高愿望，唱腔并没有用最强音去表述，而是用了低沉、压抑的声音，这样就恰合其人、恰如其事地表达出莺莺强烈的愿望，在老夫人的压力下无可奈何的情绪，使听众听完后，会想到莺莺要达到自己的心愿，还需要进行更坚决、更勇敢的曲折的斗争。

综上所述可以看出“侯调”的优点：一、善于运用高低、强弱、长短，延续不同的拖腔，深入刻划人物的心理活动与精神状态，使人物

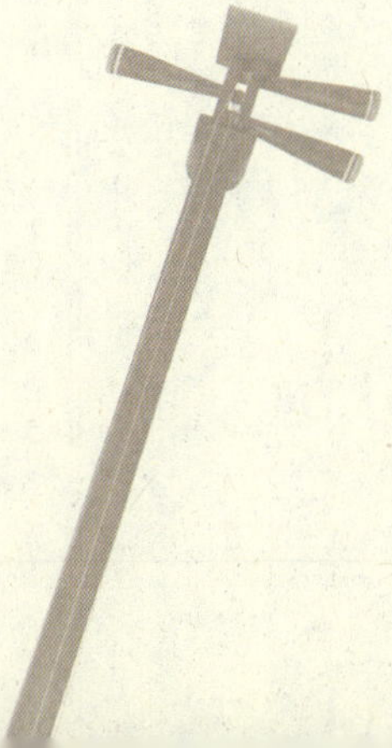

像牙雕一样精细，具有立体感。二、善于抒发感悟。弹词曲调原有宣叙、咏叹的区别，“侯调”把宣叙和咏叹溶化在一起，就是把叙事和抒情密切结合，这样充分发挥歌咏的感悟，犹如情丝绵绵不断。三、“侯调”具有清、细、高的特色，真是清似碧水，细如毫发，高入云际，使弹词音乐领域扩大，旋律丰富。这三点在唱时结合在一起，充分发挥，“侯调”就十分优美，确如黄莺鸣春，婉转动听。

怀念师姐——侯莉君

蒋云仙（上海新长征评弹团）

侯莉君是我的另一位师姐，她比徐丽仙师姐年长，当我童年投拜苏州书霸钱锦章的钱家班学艺时，她已退出钱家班，嫁作商人妇。那时她在钱家班的艺名叫钱凌仙，她结婚在常州，曾经做过小学教师，在全国解放后她重返书坛恢复了原来的名字——侯莉君，曾先后与曹醉仙、苏似荫、徐琴芳合作拼档。她台风秀丽、口齿清晰、聪慧好学，在演出实践中创造了委婉、凄苦、感人心肺的侯调，为评弹艺术宝库增添了宝贵财富。

过去她在江苏省曲艺团，我在上海长征评弹团,除了有时重大会议或同埠演出时见面，平时很少联系，自从“文革”结束大家遭受了一场磨难后，她也退休回沪，倒是经常见面，后来她的大女儿侯小莉和魏含玉双档一起拜我为师学习长篇《啼笑因缘》，我们的关系又亲密了一层，交往更趋频繁。有一年苏州举办了

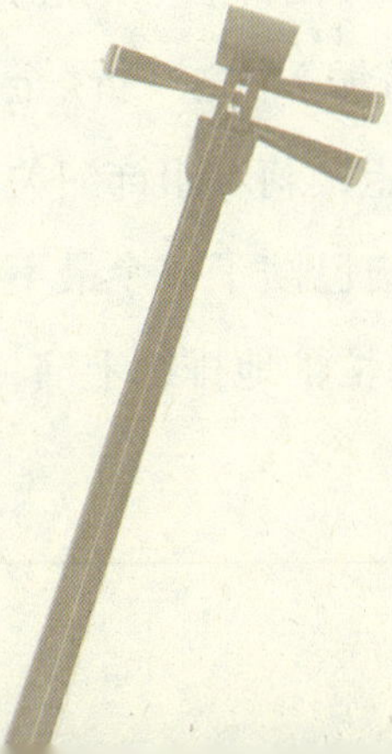

评弹三姐妹：侯莉君（左）、蒋云仙（中）、王月仙

一次新书会演，我和莉君姐就住在一个宿舍里，也彼此说说心里话，会演将要结束时，苏州的领导找我商量，说是有件急事要请你帮忙，在最后一场的演出剧目压轴，本来是有一档评话三弟兄档，如今突然不演，这个送客书只能请你承担一下了。我知道这个差事不好办，因为广告都已出去了，临时调换听客会有意见，但是救场如救火，大局为重，我灵机一动，我说他们三弟兄不演就改成我们三姐妹拼一档吧！与两位师姐一说，侯莉君、王月仙都欣然同意，由我排了一回《野火春风斗古城》中之一折《金环就义》，为了尊重两位师姐，莉君姐饰演关敬陶，月仙姐饰演金环，我自己演了一个最不讨人喜欢的日本人多田，匆匆忙忙地排练上演，

居然取得了相当好的效果，听众非常满意。通过这次合作我才了解到莉君姐不但擅长传统剧目，而且对现代书目也能运用自如（月仙因为我曾和她合作长篇彼此是了解的）。由于这次的演出比较成功，所以上海电视台在一次开播纪念活动中又邀请我们三个档重又演出了这回《金环就义》。（也许改名为《杀多田》了）

莉君姐也很爱说现代书，她一再表示有机会还要和我拼拼双档做一回书，所以在雅庐书场举行老书场纪念活动时我和莉君姐又合作了一回《啼笑因缘》中的一折《双妈会》，这回书的构思是何丽娜为了家树能了却心愿，她毅然决定把凤喜从医院里接到自己家中，压力却是十分沉重的，具体表现在何的奶妈无锡娘姨李妈和凤喜的“保护神”常熟娘姨王妈身上，两个人见了面从开始热络到攀干姐妹，到后来各为其主争得面红耳赤、舌剑唇枪，矛盾发展到热化，我和莉君姐恰巧我是常熟人，她是无锡人，这也是个有利条件，但是语言的结构、矛盾的层次确也是花了一番心血的。特别要一提的是莉君姐饰演的沈凤喜真是楚楚动人，她的一档唱篇“凤喜向丽娜倾吐感激之情”，从文字到唱腔都经过她的润色加工，她有深厚的文学底蕴，又有她独创一格的侯调，为我的这

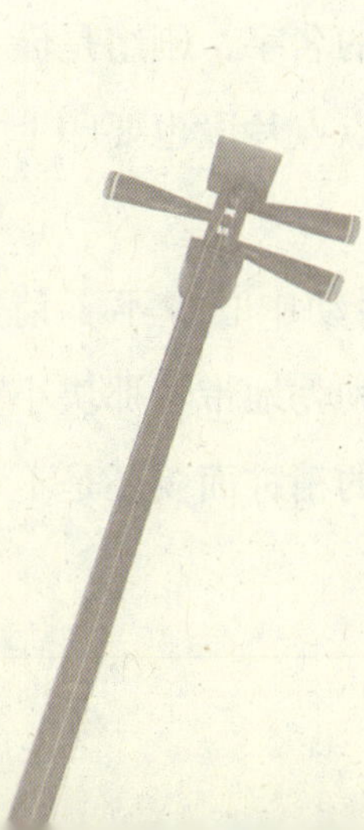

回《双妈会》增添了浓浓的色彩，竟然有人将我们这回书出版了VCD，但是我本人并未知情，还是朋友买到了这个版本来告诉我并特地来放给我看，当然我感到惊异，也有些遗憾，早知要出版那应该从服装、化妆到演出都严格要求，而这种从演出现场录的像就拿来草率地出版，未免有些不负责任，这也是我们国家出版法不够健全的关系（而最近的一次抢救剧目的录制较前已大有改进）。在我1998年出国以后我和莉君姐也经常通信，她因喉疾开刀失音，精神上十分痛苦，除了用文字百般地劝慰，每次回国去看望她总是带些保健品给她滋补滋补（虽然她并不缺乏），在信上她也谈到上海评弹团的一位同志告诉她，电视剧《花样年华》剧组曾经用了我们的《双妈会》作为插曲，特地请她转言打声招呼，她回答人家："原作者不是我是蒋云仙，你们去找她好了。"可见她谦逊知礼。后来我在看《花样年华》电视剧时，竟然上面还印有我和莉君姐的名字，剧组是懂得尊重版权的，用了那么一点点片段也要印上我们的名字真是叫人感动。

在我后来的每次重大活动中总少不了请莉君姐参加，她也总是兴致勃勃地带着那块小黑板淡妆前来赴约，感觉她的精神面貌还是不

1980 年 6 月，侯莉君与蒋云仙师姐妹合影，摄于上海

错的，就在 2003 年的 11 月份我因家事回国，莉君姐的家址已从成都路拆迁到铜川路，从市区到她家真有好一段路程。我和她通过几次电话，她是由别人代听，她在旁边拍手以示欢迎。我嘛忙忙碌碌，苏州常熟跑了几次，到临走前才借到车辆找到铜川路她的家中，她正在过节祭祖，见到了我又是拥抱又是拍背，又是高兴又是流泪，一定要留我在她家午餐。我送我的一张五十年专场的 VCD 及其他礼品给她。我们坐下来聊聊心声。她看了那张 VCD，竖起了大姆指不断赞扬（她是特地赶到逸夫舞台来看我那场演出的）。她在小黑板上写道：“可惜小莉和含玉没能赶来参加。”我说：“她们

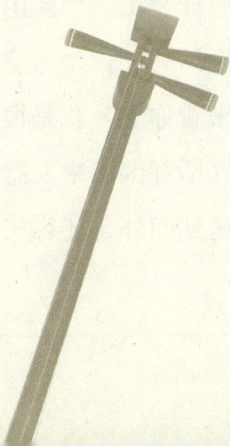

都有贺电发来的，四十年的专场她们两个都参加演出的，在我的一本专辑上刊有我们三个档的演出照片。”谈着谈着就又谈到了小师姐王月仙在2002年去世，我几次回国要到医院去看望她，都被她女儿婉言谢绝，说她妈妈是脑部肿瘤开刀，情绪不能激动，“上次你和她通了一次电话已兴奋莫及，竟然告诉医生她又要去演出了，如果你们见了面谈谈过去的往事一定会影响她的情绪”，所以我也只能尊重家属意见。2002年和她电话中告别，听她声音洪亮，我说：“月仙你依然中气十足，相信你不久就能康复，希望你安心静养，等我下次回国时一定来看你！”谁知这次通电话竟成永别，我很后悔没去医院见她最后一面，毕竟我们是童年时代一起在钱家班同过患难的小伙伴呀！莉君姐听了我的这番叙述顿觉黯然伤神，她在小黑板写道：“月仙走，我也快了！”我一看赶紧说：“呸呸呸，别说这种丧气话，你妈妈快要100岁了，你有长寿的遗传因子，人家相声演员李文华跟你一样的毛病，照样装了一个扬声器还上电视跟观众见见面说说话呢。你是弯扁担，年年在，我下次回来再来看你。”我是恨不得把肚肠角角里想得出的好话都倒出来安慰她，最后她恋恋不舍地把我送到门外，还客气

侯莉君、侯小莉母女

地给送我去的驾驶员同志一包红双喜香烟。哪里知道这又是一次人生中的生离死别。回到加国后的不久一个深夜里，突然一阵急促的电话铃声把我从睡梦中惊醒，是纽约的侯小莉的来电，她告诉我她的妈妈、我亲爱的莉君姐，已经走了！她是在家中看看电视感到不适，在送医途中，手一挥就离开了人间。她留下了年近百岁的老母及残障的大儿子，也留下了让他们衣食无忧的积蓄，留下了一个孝女的美德，一位慈母的伟大母爱，留下了至爱亲朋的缕缕思念，也留下了绵绵不断、娓娓动听的侯莉君的侯调！

师恩·母爱

高莉蓉（常熟评弹团）

1956年10月，常熟市评弹团成立。我是第一批学员之一，由团领导决定，让我拜侯莉君先生为师，我很高兴。没有鲜花，没有仪式，更不要交拜师金，从此，师徒之缘伴随着我的一生。

侯调创始人教我唱侯调，多么幸福！侯老师不厌其烦，反反复复，边唱边教，我是边听边学。学了一段时间，叫我们作一次汇报演出，我自我感觉蛮好，但下台以后，先生非但没有表扬，反而批评了一下，说我唱法上抄捷径，缺少韵味，表情呆滞，动作僵硬。先生作了多次示范，她在台上气质高雅，形象庄重，唱腔优美，眼神集中，感情丰富，扣人心弦，使我感到一种美的享受，我一直在向她请教和努力。以后，当我和另一位老师到上海闵行演出，先生专程赶到书场里来，看我演出听我唱，进行具体指导。当时她在上海第一流场子演出，天天爆满，反响强烈，还不辞劳苦来关心我、

侯莉君与学生高莉蓉

教导我，几十年过去了，似在眼前。

1981年，我声带小结，侯老师帮我联系了江苏军区医院动了手术，住在她家里整整一个月，像对待自己的子女一样，关怀备至，尽心照顾，使我恢复了健康。

光阴如箭，进入了20世纪。侯老师患了喉疾，动了手术，不能讲话。我因去了深圳看望女儿，临走时和她通了电话：“待我回来时再来看您！”她在电话旁拍了几声手掌，并让人转言问好。可惜，病魔无情，人生苦短，没有等到我去看望她，她就突然走了，离开了我们，心里真是难过之极。

敬爱的老师，我十分怀念您。您发扬的侯派艺术，您创造的侯调唱腔，将生生不息，代代相传。

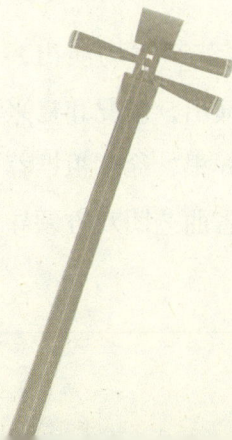

萍水相逢师生缘

强玉华（宜兴评弹团）

在我学说书的时候，侯莉君老师的“侯调”在书坛上早已享有盛名。我十分迷恋她的唱腔，常常自学弹唱，坚持不懈。

19岁时，我和华国荫（蒋月泉学生）拼档，在嘉兴演出，与当时红极一时的徐琴芳、侯莉君做“敌档”，我们做珊凤楼书场，他们做南园书场，出现一个奇怪的现象：有一批听客上、下半场两头跑，上半场到南园书场听徐、侯档，下半场到珊凤楼书场听华、强档。他们说：“侯莉君唱侯调呱呱叫，强玉华唱侯调也出色，而且面孔、台风也很相像，我们两头听，蛮乐惠。”听着听着，我就产生了拜师侯莉君的念头，想把侯调学得好一点。

事情真巧，后来我们到苏州书场演出，他们也到苏州，在皇宫书场演出，情况和嘉兴相似，经双方书场的场方陈祥根、徐耀祖推荐介绍，通过宜兴县评弹团、省曲艺团双方领导

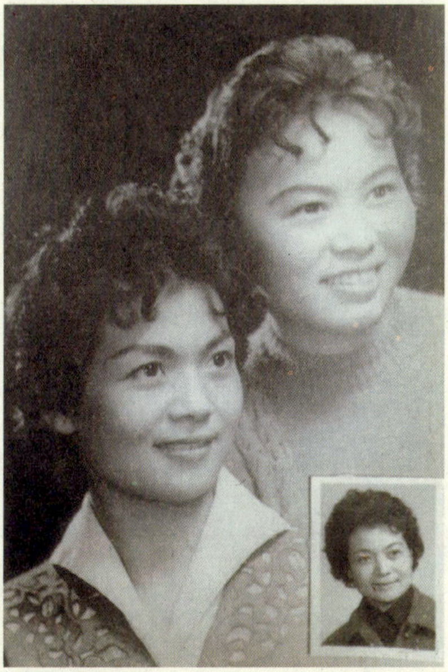

强玉华（左）、侯莉君师徒

同意，又得到我的启蒙老师钟笑侬支持，在苏州举行了拜师仪式。

从那时候起，我们之间一直保持了密切的师生关系，她休息时到我的演出地来当面指导，我休假时到她的演出地学书学唱，她总是尽心尽力提携我，在艺术上我进步很快，永生难忘。

在侯老师生病动了手术后，我接她到我苏州家里养病，她还为我的小女儿介绍对象，留下一段佳话。

我的好老师，我真想念您啊！

我在昆山拜师侯莉君

蔡小娟（苏州评弹团）

提起笔来，重温和侯老师的一段师生情谊时，使我很激动。

我是昆山人，舅舅是个评弹票友，九岁时就跟他学唱评弹开篇，还常到书场里去听书，十一岁时在昆山做了登记艺人，和舅舅上台说书了。后来，江苏省举行评弹会演，我十三岁代表昆山唱了一只什锦开篇，用各种流派唱，其中有一段唱的是侯调，真是初生牛犊不畏虎。当时，侯莉君老师代表常熟团在台下听书。演出结束后，她拉着我的手说："你这个小姑娘，我很喜欢你。"

20 世纪 60 年代初，我入昆山评弹团了。领导和同事们都说："你应该拜一个名师，好好学艺。"那时，正巧侯老师到昆山演出，文化局领导通知我到书场里听书，经过介绍，成全了我拜师的心愿。

朱雪琴（左）、侯莉君（中）、蔡小娟合影

我和老师在一起的时候不多，因为大家都要演出。在相处的日子里，台上台下学到了很多，在事业上、艺术上她对我的影响很大，在处世上也使我很钦佩。她坐在台上落落大方，真是大家风范。谈到长腔时，要符合感情，要有度，不是越长越好，不能“卖弄”，真是经典之说。在她年近七旬时，还和我在苏州电视台拼档演出了五回《落金扇》，一遍又一遍、一段又一段、一句又一句地认真排练和辅导，这是我学习的榜样。

春蚕到死丝方尽，蜡炬成灰泪始干。

想起老师一对明亮的大眼睛

张文婵（江苏省曲艺团）

每当想起我的老师，她的明亮的大眼睛、略粗的柳叶眉、挺拔的鼻梁、亲切的笑容立刻出现在我的眼前。她天生的一条好嗓子，清晰的口齿，端庄的台风，生动丰富的表演艺术，自成一格的侯派艺术，应算得上是评弹界的一个杰出的艺术家了。

不过，回想起生活中的侯莉君老师，还是一个平常人。她的生活十分简单，没有奢华的要求，没有名角的架子。到乡镇书场演出，看见场方也热情地喊“瞿伯伯”、“三姐姐”，凡场方提供的伙食也不嫌这嫌那，十分随和。她把学生都当作自己的儿女、朋友、知己。在我的记忆中，和老师在一起时，就像生活在一个大家庭里无拘无束，亲切又开心。在省曲艺团刚成立的时候，我拜她为师，住在一个宿舍里，常常谈笑风生，最热闹的时候，还惊扰了住在对门的老师呢。

侯莉君、张文婵师生在排练

侯老师还是个很有爱心的人。我在上海雅庐书场演出时，她已近古稀之年，住在上海家里，还陪着九十多岁的老母亲来听书。我说：“先生，您真不容易，难为您了。”她打趣地说：“这也是我的福气，这把年纪，还有母亲来伴我，看管我呢！”

谈到艺术，她是十分严谨的人。上台前，她一丝不苟，从服装到化妆，非常讲究；静坐在一旁，无言无语，充分准备，上台后，说噱弹唱，尽量完美，防止误差。平时，我练唱的时候，她不单纯要求我唱侯调，还要唱其他流派唱腔，还和我一起唱俞调《宫怨》、丽调《新木兰词》等。

师徒四人，从左至右：唐文莉、王跃伟、侯莉君、张文婵

不久前，我看到一个电视书场举行的颁奖仪式上，公布听众最喜欢的评弹流派唱腔排名，侯调也名列前茅，有众多的演员在演唱传播，我为泉下的老师感到骄傲和欣慰。在同仁们的努力下，侯派艺术一定会进一步继承和发展，在评弹曲苑里更加光芒四射。

侯老师二三事

孙世鉴（江苏省曲艺团）

1961 年拜师以后，我跟侯老师到苏州听书。她语重心长地对我说：“演员上台必须要认真说书，这是尊重听众。你尊重听众，听众才会尊重你。”这几句话让我印象极深，也使我终身受益。

侯老师是评弹名家，但从来没有名家架子，谈起侯调，总说自己是逼出来的。在常熟团时和钟月樵老师拼档，为了凑家生（乐器），以大嗓子蒋调为主，吸收了小嗓子俞调，再加入了部分京剧唱腔，成了侯调，说自己是凑出来的。我跟了她出码头，她从来没有说过一句“别人不好”，总是说“张三唱得很好”、“李四很不容易”。

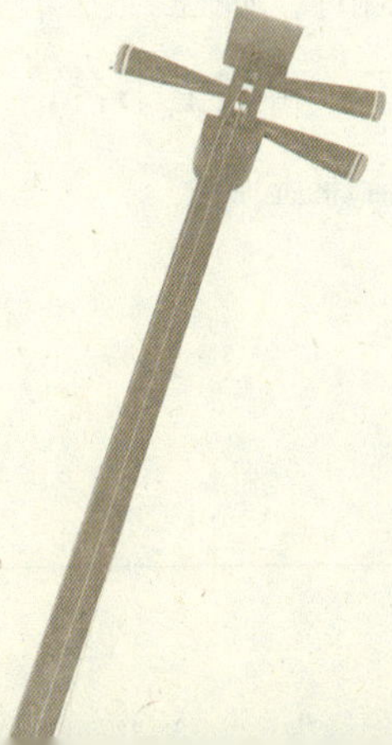

“文革”后期，团部决定让我们自由组合，对外公演长篇。那时，与先生拼档的徐琴芳老师已经退休，侯老师没有了上手。我是上手出身，名正言顺地和侯老师以及她的另一个学生

侯莉君、孙世鉴师生演出长篇弹词

唐文莉拼了个“三个档”。有一次，我们在休息时听到京剧名家关肃霜的一段唱腔，大家非常喜欢，多听了几次，熟悉了，我就有点小灵感了，我觉得关肃霜老师的唱腔里切分音很多，有些地方和侯调的特点很接近，嘴里哼了几句，正巧被侯老师听见，她马上说：“这句好的，我们也可以吸收用的。让我摸摸琵琶看，啥格音？”她没学过乐理，一句腔都要一个音、一个音在自己的琵琶上找的。当时，她已经五十多岁了，硬是摸熟了，唱熟了，再搬上书台，溶进了自己的唱腔，多么勤奋谦虚啊！

附录一 曲谱

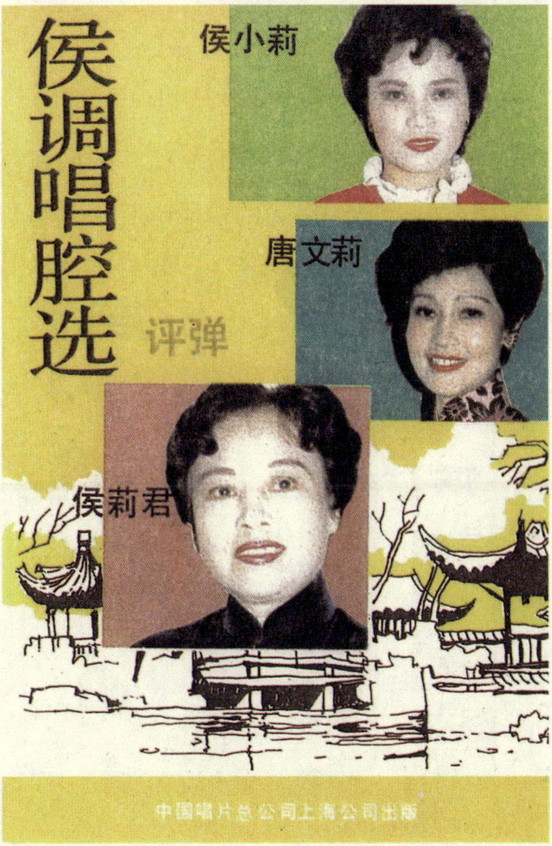
侯调唱腔选
评弹
侯小莉
唐文莉
侯莉君
中国唱片总公司上海公司出版

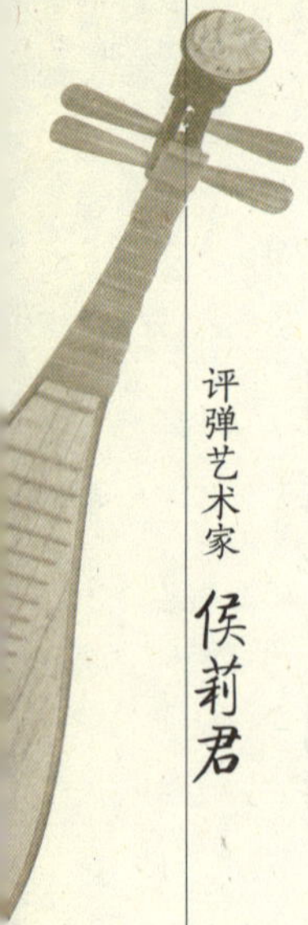

评弹艺术家

侯莉君

FOLK ART FORMS
THE AUDIO & VIDEO ENCYCLOPEDIA OF CHINA
SUZHOU TANCI
HOU S TUNE
侯調
A：開篇：杜十娘
開篇：貂蟬
B：開篇：黛玉焚稿
開篇：林黛玉
主演：侯莉君
責任編輯：呂青風　顧問：吳宗錫
藝術指導：陳希安　封面設計：張開群
美術編輯：何孝永　封面題字：方堯明
技術處理：吳勤鋒　監製：徐能學
SHANGHAI AUDIO & VIDEO COMPANY
上海音像公司
鷹象牌
蘇州彈詞
流派唱腔
侯調
曲
YCB—14
版權所有
不得翻錄
蘇州彈詞系列・流派唱腔
侯調
中國音像大百科
曲藝
曲
中國音像大百科編輯委員會

思凡

（侯调）

1 = #D 2/4

侯莉君　弹唱

潘益麟　记谱

♩　J6 $ B

（1 5 | 3123 5632 | 156 i | 65356 i i | 55 351 | 1.235 1613 | 55 3515 |

3.235 1235 | 55 3515 | 3.235 13） | 3 - | 5 6 | 5 4 | 3.5 2.3 |
　　　　　　　　　　　　　　　　　　　　　　隐　隐　城　楼

3/4 1. (5 3123 5632 | 15 351 | 1.235 13) | 3 - | 6 653 | 2 3.532 | 1.216 1. (5
起　暮　　　笳，

3123 5632 | 156 i | 65356 i i | 55 35 1 | 1.23513) | 3 - | 5 - | 6.76 5 |
　　　　　　　　　　　　　　　　俏　尼　姑

3/4 (3123 5632 15) | 6 5 3 65 | 51 3.532 1.276 | 5 (3123) | 3 1.
独　坐　叹　嗟　　　　　　　　　　　　呀。

11.3 2312 | 3123 5 | 3523.5632 | 156 i | 65356 i i | 55 351 |

1.235 13) | 3.53 2 | 2 (113 | 2123 5 | 353 2123) | 5. 65
奴　身　　　　　　　　　　　　　　流　落

3 365 3/4 1. (6 561 6532) | 4 24 | 506 53 | 2.3 21 | 702 76 | 5.3 56 |
空门　　　里，

3/4 1 (3123 5632 | 156 i | 65356 i i | 55 351 | 1.235 13) | 1.3 3 i 6 |
　　　　　　　　　　　　　　　　　　　堪　恨

爹娘 主 见 差。
说奴
命犯 孤鸾照，
(噢) 因此 上
将奴 年纪 轻轻 就 出了
家。
每天
(吔)
(吔)
昏昏把
弥 陀 念，

2.3 32i | 6.2 72 | 2 5. | 1 (3123 | 5632 13) | 5 - | 6.76 5. | ¾ (3123 5632 15) |
(吧)　　　　　　　　　　　　　凄　凄

5 3 | 3235 32 | i. 2 | 6.76 5 | 4. 5 | 3 3. | 3 5 | 2 5 | 6165 32 |
惨　惨　　　　　　　　　　　　　　度年

102 76 | 5.3 53 | 2 - | 2.5 | (01 2123 | 54 356 | ¾ i 356i | 6535 | 105 351 |
华。

1.235 1613 | 55 3515 | 3.235 13) | 53 5 | 3 3. | ¾ 3.2 i.6 | 5 3 | 1 i 6 |
奴想敲 碎　　　　　木鱼

56 63 | 2 - | 2 1 | 2123 5 | 353 2123) | 2 5 | ¾ 2.5 32 76 | 7 5. | 1 (3523 |
无好 处,

5632 13) | 5 - | 6.76 5 | ¾ (3231 5632 13) | 5 3 65 | ¾ 351 3.532 1276 |
西方　　　　　　　未 必 有 莲

5 (3123) | 3 1. | 113 2312 | 3523 5 | 3123 5632 | 156 i | 65356 ii |
花。

55 351 | 1.235 13) | 5 3 | 35 3. | 3.2 2.1 | i - | 123 ii2) | ¾ 353 2.3 2i |
灵　山　　　　　　　　　　　　　　　　　(哎)

6.i 65 | 653 05 | 6156 i | 102 65 | 3.535 656i | 6 5 53 | 5 2. | 2 - (113 |

2123 5 | 353 2123) | ¾ 5 3 32 | i.6 | 5 12 | 6. i | 65 32 | 16 i | (032 1.2 |
哪有　　　　　千 尊

353 231) | ¾ i i.6 | 506 i2 | 65 53 | 5 2. | 2 (113 | 2123 5 | 353 2123) |
佛,

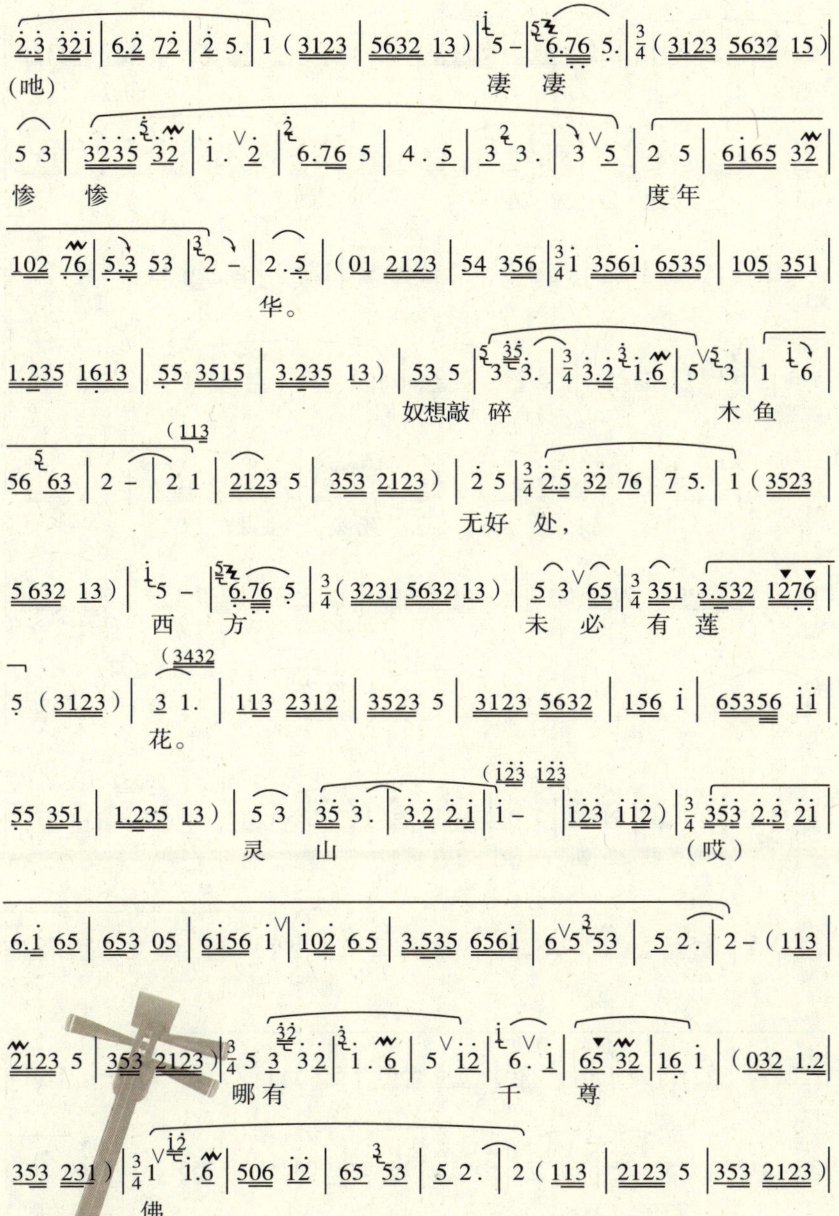

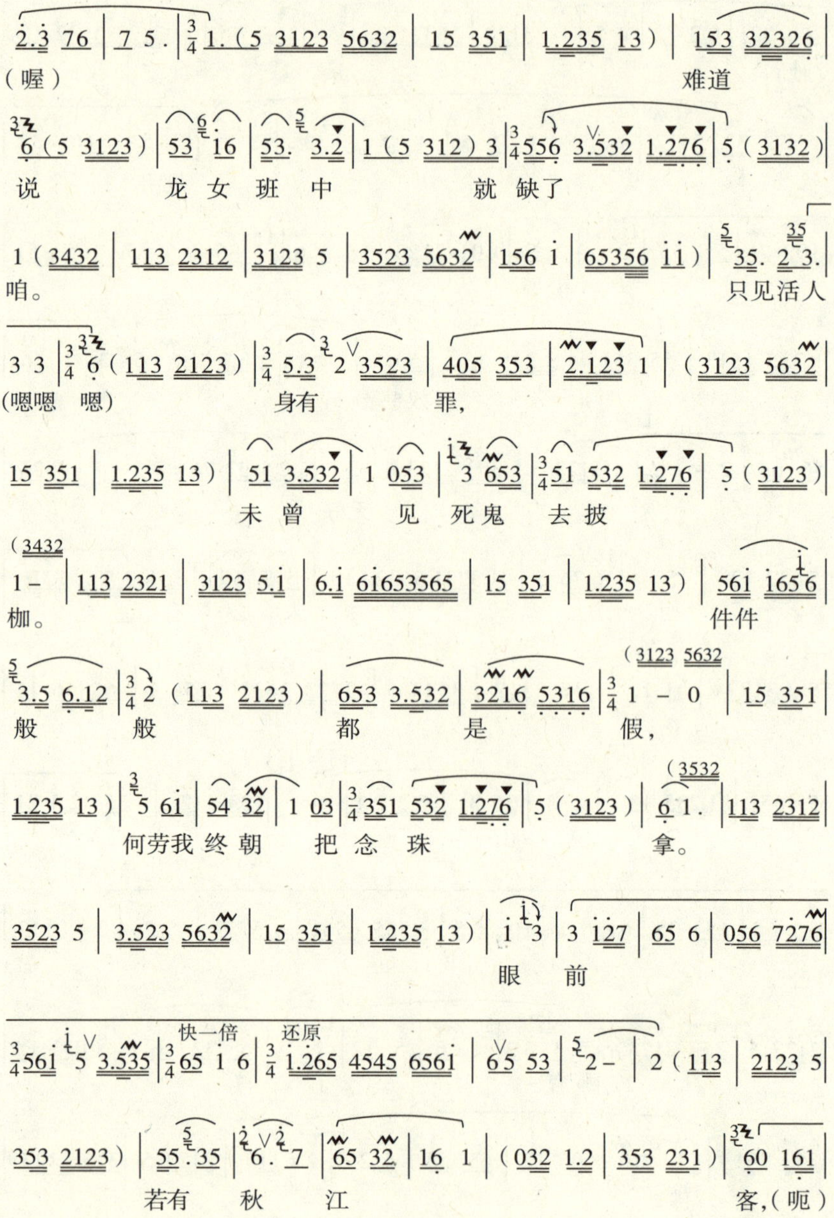

$\widehat{2\cdot3}$ 76 | 7 5. $\frac{3}{4}$ 1.(5 3123 5632 | 15 351 | 1.235 13) | 153 32326 |
（喔）　　　　　　　　　　　　　　　　　　　　　　难道

6 (5 3123) | 53 16 53. 3.2 | 1 (5 312) 3 | $\frac{3}{4}$ 556 3.532 1.276 | 5 (3132) |
说　　　龙女班中　　　就　缺了

1 (3432 | 113 2312 | 3123 5 | 3523 5632 | 156 1 | 65356 11) | 35. 2 3. |
咱。　　　　　　　　　　　　　　　　　　　　　　只见活人

3 3 | $\frac{3}{4}$ 6 (113 2123) | $\frac{3}{4}$ 5.3 2 3523 | 405 353 | 2.123 1 | (3123 5632 |
（嗯嗯 嗯）　　　身有　　　罪，

15 351 | 1.235 13) | 51 3.532 | 1 053 | 3 653 | $\frac{3}{4}$ 51 532 1.276 | 5 (3123) |
未曾　见 死鬼 去披

1 - | 113 2321 | 3123 5.1 | 6.1 61653565 | 15 351 | 1.235 13) | 561 165 6 |
枷。　　　　　　　　　　　　　　　　　　　　件件

3.5 6.12 | $\frac{3}{4}$ 2 (113 2123) | 653 3.532 | 3216 5316 | $\frac{3}{4}$ 1 - 0 | 15 351 |
般　般　　　都　是　　假，

1.235 13) | 5 61 | 54 32 | 1 03 | $\frac{3}{4}$ 351 532 1.276 | 5 (3123) | 6 1. | 113 2312 |
何劳我 终朝　把念珠　　　拿。

3523 5 | 3.523 5632 | 15 351 | 1.235 13) | 1 3 | 3 127 | 65 6 | 056 7276 |
眼　前

$\frac{3}{4}$ 561 5 3.535 | $\frac{3}{4}$ 65 1 6 | $\frac{3}{4}$ 1.265 4545 6561 | 65 53 | 2 - | 2 (113 | 2123 5 |
　　　　快一倍　　还原

353 2123) | 55.35 | 6.7 | 65 32 | 16 1 | (032 1.2 | 353 231) | 60 161 |
若有　秋　江　　　　　　　客,（呃）

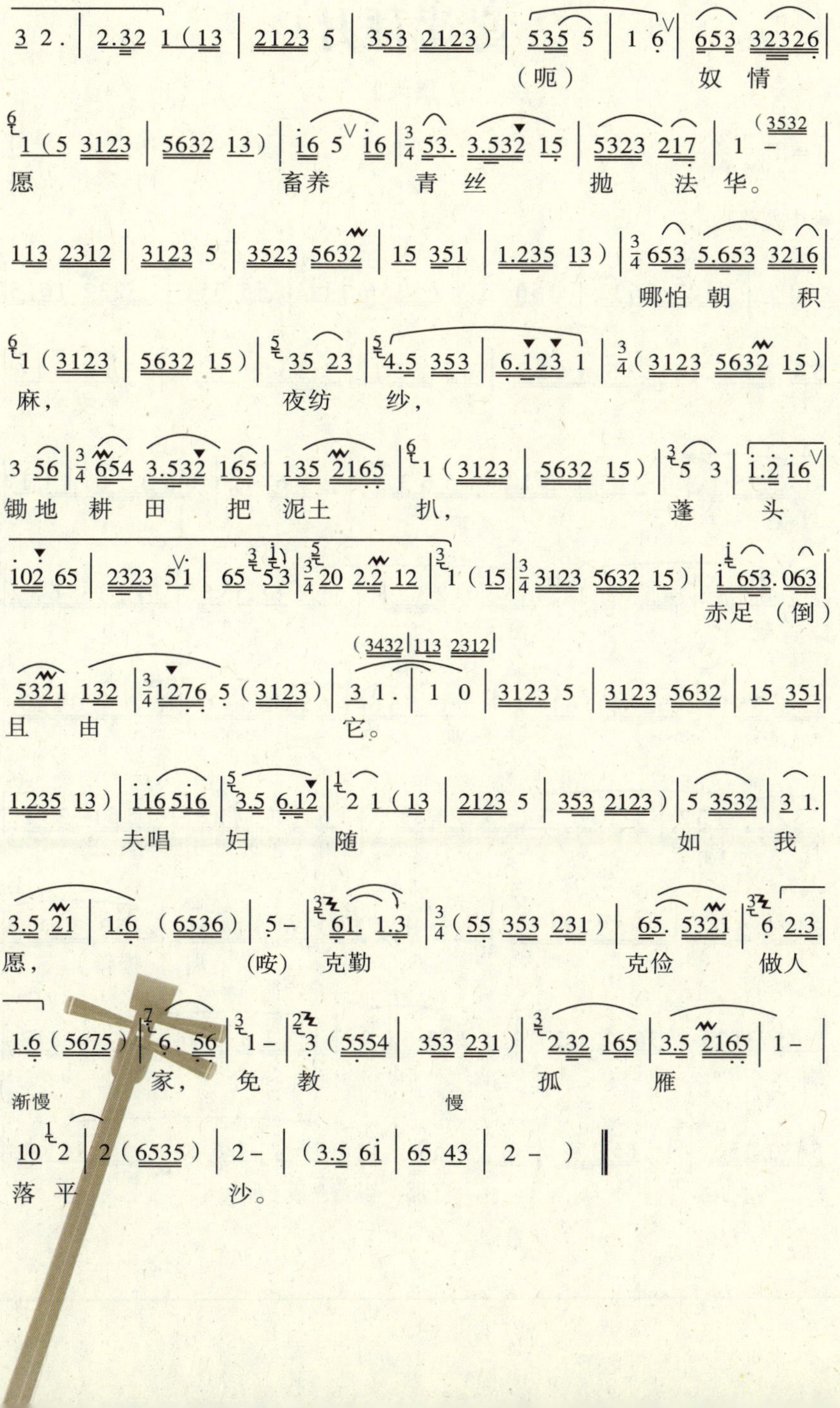
（呃） 奴情
愿 畜养 青丝 抛 法华。
哪怕朝 积
麻， 夜纺 纱，
锄地 耕田 把 泥土 扒， 蓬 头
赤足（倒）
且 由 它。
夫唱 妇 随 如我
愿， （咹）克勤 克俭 做人
家， 免 教 孤 雁
渐慢
慢
落 平 沙。

莺莺拜月

（侯调）

唐文莉　侯小莉　弹唱
陶谋炯　记谱

1 = ^{b}E $\frac{2}{4}$ $\frac{3}{4}$

♩中速略慢

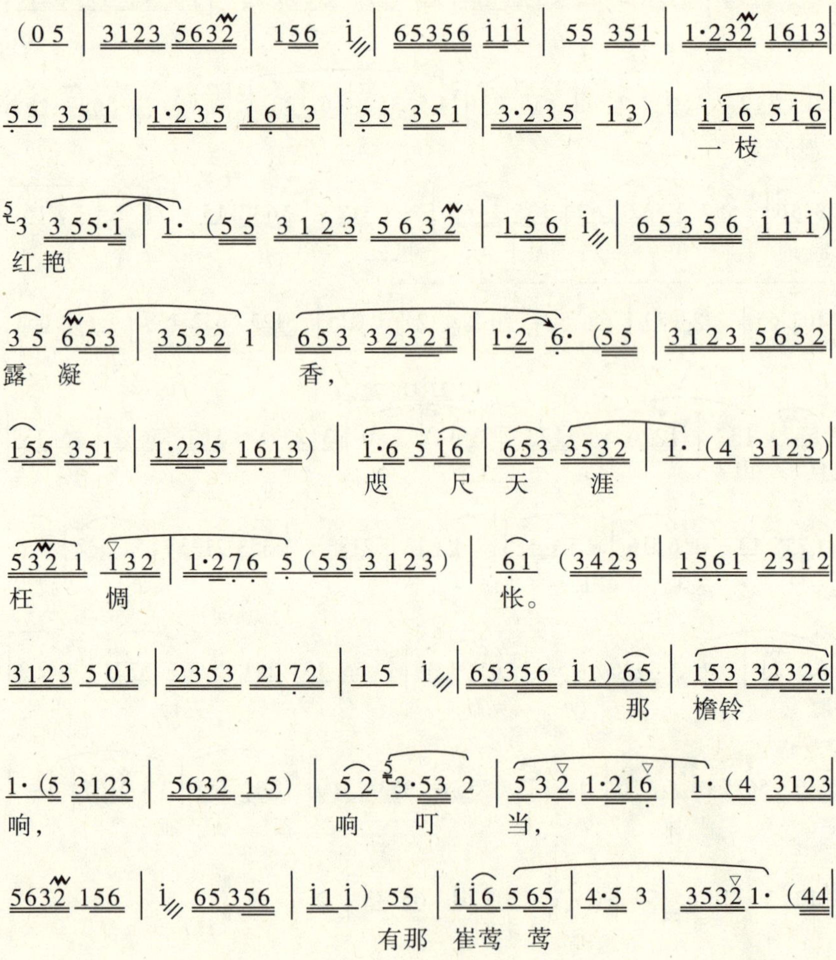

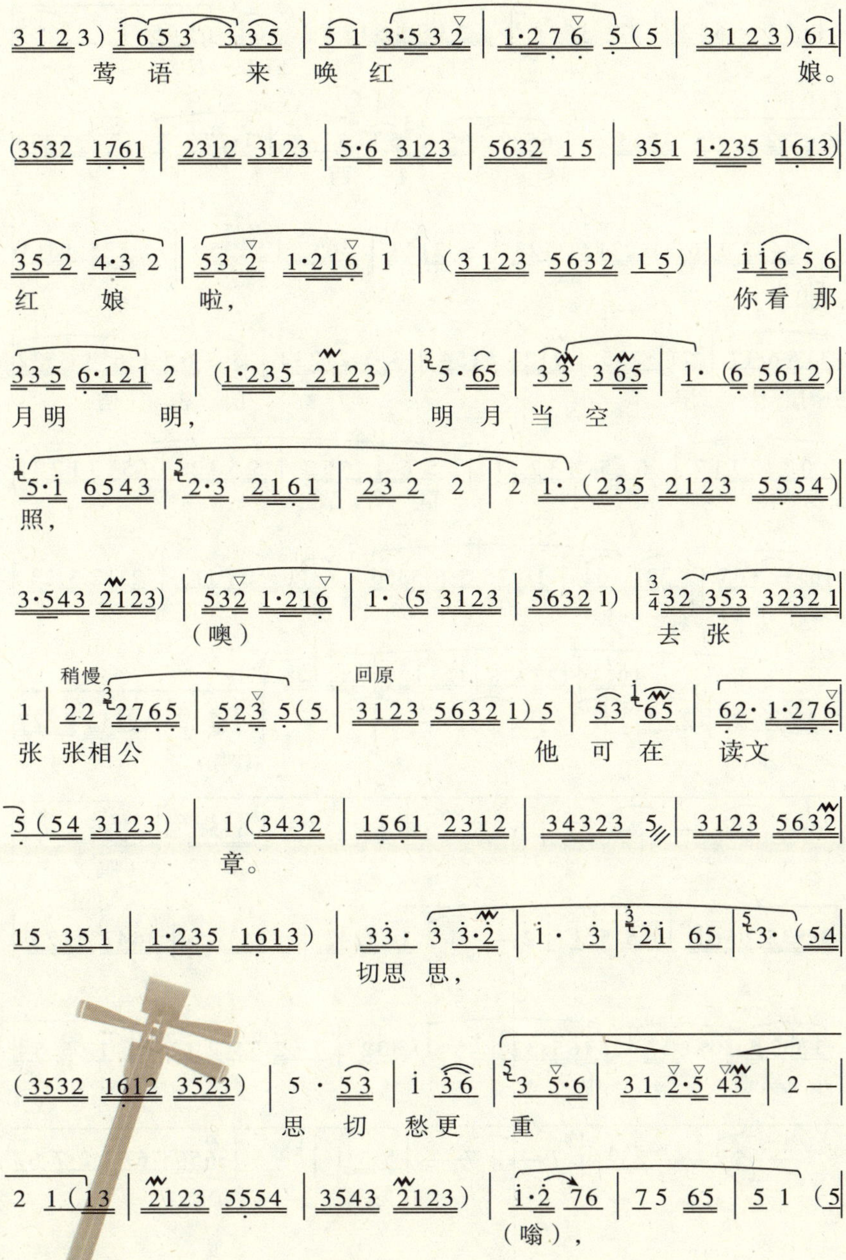
莺语来唤红娘。
红娘啦，你看那
月明明，明月当空
照，
（噢）去张
稍慢
回原
张张相公 他可在读文
章。
切思思，
思切愁更重
（嗡），

侯莉君

3123 5632 | 15 35 1 | 1·235 1613) | 56i 6565 | 4·5 3
　　　　　　　　　　　　　　　　　俏双　双，

3·532 1·(5 3123) | i653 365 | 51 5 32 | 1·276 5·(5 3123)
双美　　往　　西

1 (3432 1561 | 2312 3123 | 5 3123 | 5632 15 35 1 | 1·235 1613)
厢。

33 56·12 | 2(1·235 | 2123 5154 | 353 2123) | 3 5 65 | 653 3532
密层　层，　　　　　　　　　层密僧

103 2317 | 6(5 4323) | 56i 653 | 3·532 1(5 3123)
房　　密，　草青青

i653 365 | 5321 162 | 1·276 5·6 5356 | 6·1(3523 113 | 2312 3123)
草青　映池　　　　塘。

(02̇3 | 12̇3 12̇3 | 12̇3 12̇3 | 12̇3 12̇3)
333 3·2 | 2·i i | i — i — i — | 1·2 3 | 2·32 1227
一步步，　　　　　　　　　　　　（呜）

6 — | 6 — | 6 27 | 6·7 65 | 653 35 | 6i56 i | i·2 65
（呜）

3·535 656i | 65 5 3 | 2 — | 2 1·(243 | 2123 5 3543 2123)

53 35 | 6·27 | 6765 32 6 1·(32 | 1·2 35 231) | i·5 6i
步入亭中　　　　　　　　　去，

2 — | 2 — | 232 | 7 — | 7 — | 5·3 i | 35 656 767 | 2·7 67
（呼）

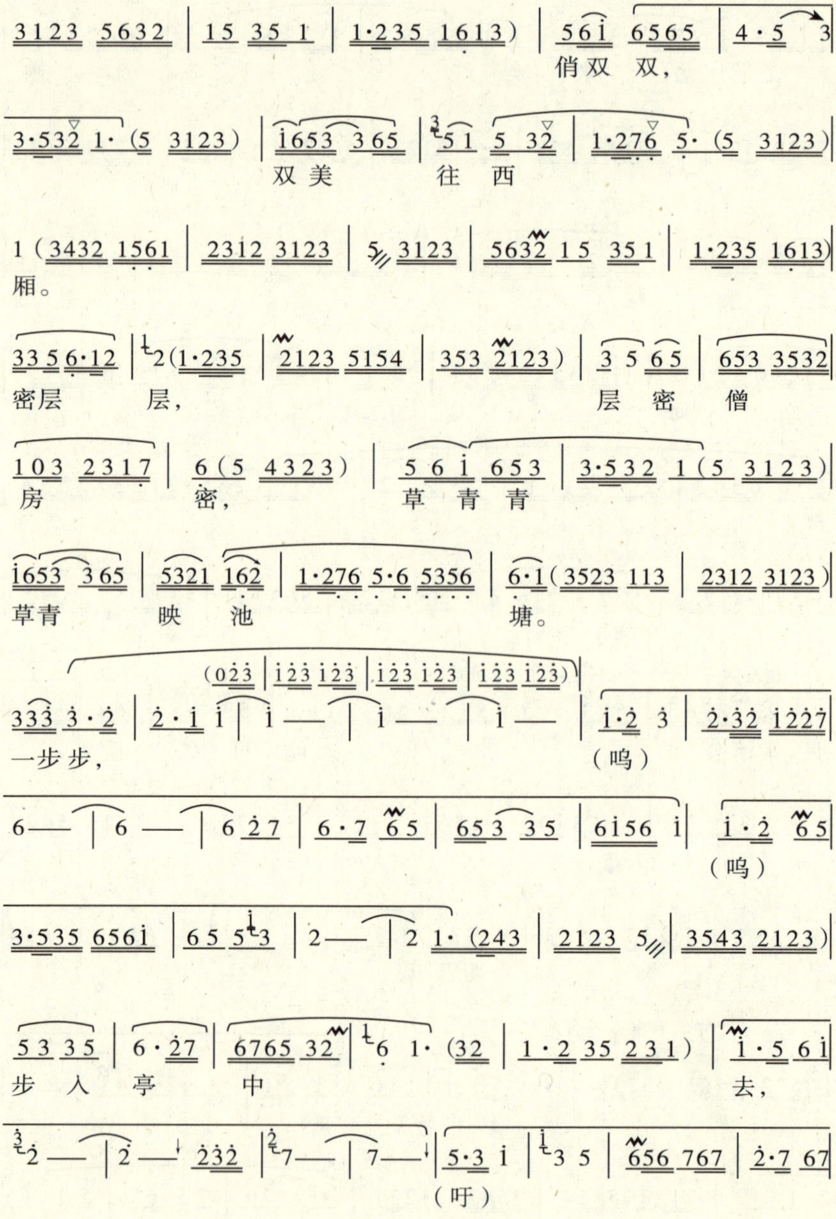

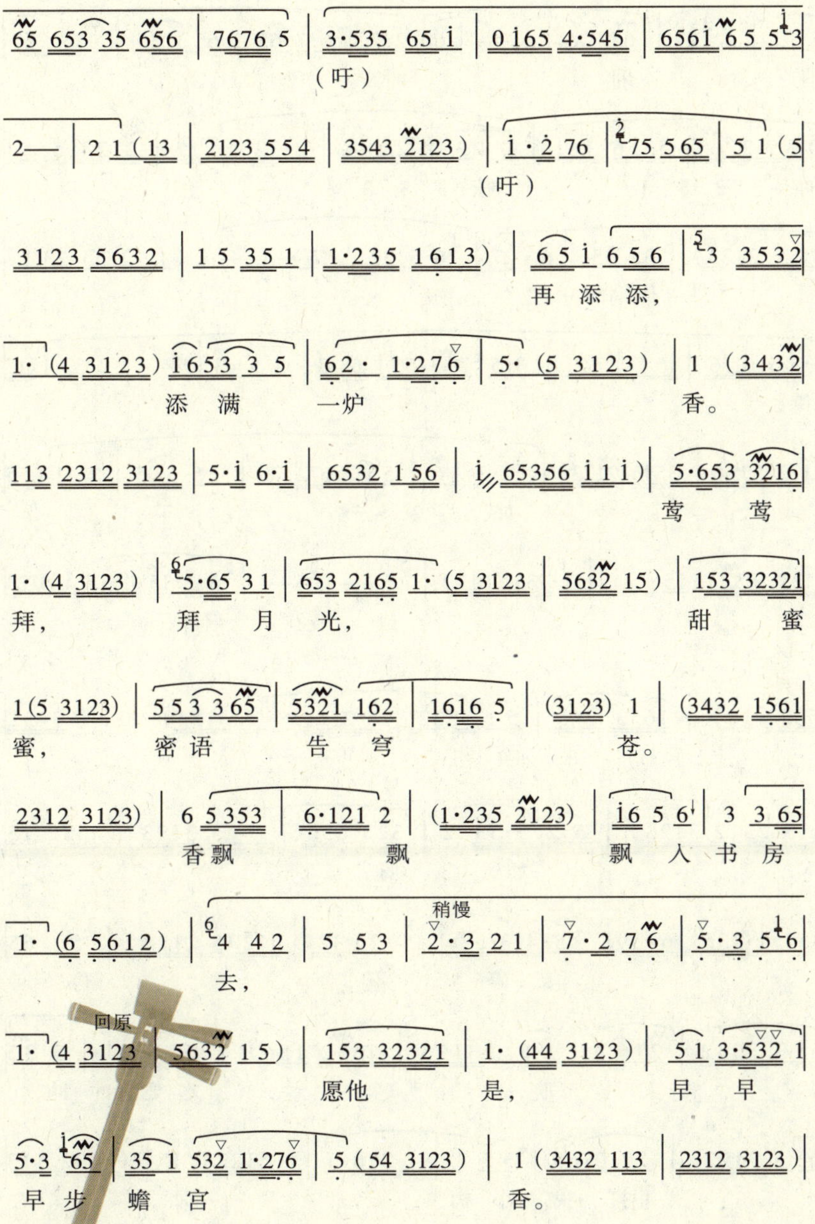

$\widehat{65}$ $\overparen{653}$ $\widehat{35}$ $\widehat{656}$ | $\overparen{7676}$ 5 | $3\cdot\overline{535}$ $\overline{65}$ $\dot{1}$ | 0 $\overline{165}$ $4\cdot\overline{545}$ | $\overline{656\dot{1}}$ $\widehat{\overline{65}}$ $5\overset{\downarrow}{\cdot}3$

2—— | 2 1 ($\overline{13}$ | $\overline{2123}$ $\overline{554}$ | $\overline{3543}$ $\widehat{\overline{2123}}$) | $\dot{1}\cdot\overset{\frown}{2}$ $\overline{76}$ | $\overset{\frown}{\dot{2}}$$\overline{75}$ $\overline{565}$ | 5 $\dot{1}$ (5
（吖）

$\overline{3123}$ $\overline{5632}$ | $\overline{15}$ $\overline{351}$ | $1\cdot\overline{235}$ $\overline{1613}$) | $\overparen{\overline{65}}$ $\dot{1}$ $\overline{656}$ | $\overset{5}{\overline{3}}$ $\overline{3532}$
再 添 添，

$1\cdot$ (4 $\overline{3123}$) | $\widehat{\dot{1}653}$ 3 5 | $\overline{62\cdot}$ $1\cdot\overline{276}$ | $5\cdot$ (5 $\overline{3123}$) | 1 ($\overline{3432}$
添 满 一 炉 香。

$\overline{113}$ $\overline{2312}$ $\overline{3123}$ | $5\cdot\dot{1}$ $6\cdot\dot{1}$ | $\overline{6532}$ $\overline{156}$ | $\dot{1}$,$\overline{65356}$ $\overline{\dot{1}\dot{1}\dot{1}}$) | $5\cdot\overline{653}$ $\widehat{\overline{3216}}$
莺 莺

$1\cdot$ (4 $\overline{3123}$) | $\overset{6}{5\cdot\overline{65}}$ $\overline{31}$ | $\overline{653}$ $\overline{2165}$ $1\cdot$ (5 $\overline{3123}$ | $\overline{563\widehat{2}}$ $\overline{15}$) | $\overline{153}$ $\overline{32321}$
拜， 拜 月 光， 甜 蜜

1 (5 $\overline{3123}$) | $\overline{55}$ $\overline{33}$ $\overline{6\widehat{5}}$ | $\overline{5321}$ $\overline{162}$ | $\overline{1616}$ 5 | ($\overline{3123}$) 1 | ($\overline{3432}$ $\overline{1561}$
蜜， 密 语 告 穹 苍。

$\overline{2312}$ $\overline{3123}$) | 6 $\overline{5353}$ | $6\cdot\overline{121}$ 2 | ($1\cdot\overline{235}$ $\widehat{\overline{2123}}$) | $\overparen{\dot{1}6}$ 5 6 | 3 3 $\overline{65}$
香 飘 飘 飘 入 书 房

$1\cdot$ (6 $\overline{5612}$) | $\overset{6}{4}$ 4 2 | 5 5 3 | $2\cdot\overline{3}$ 2 1 | $7\cdot\overline{2}$ $\widehat{76}$ | $5\cdot\overline{3}$ $5\overset{\downarrow}{\cdot}6$
去， 稍慢

回原
$1\cdot$ (4 $\overline{3123}$ | $\overline{563\widehat{2}}$ $\overline{15}$) | $\overline{153}$ $\overline{32321}$ | $1\cdot$ (44 $\overline{3123}$) | 5 1 $3\cdot\overline{532}$ 1
愿 他 是， 早 早

$\overset{\frown}{5\cdot}$ $\overline{\dot{1}\widehat{65}}$ | $\overline{35}$ 1 $\overline{532}$ $1\cdot\overline{276}$ | 5 ($\overline{54}$ $\overline{3123}$) | 1 ($\overline{3432}$ $\overline{113}$ | $\overline{2312}$ $\overline{3123}$)
早 步 蟾 宫 香。

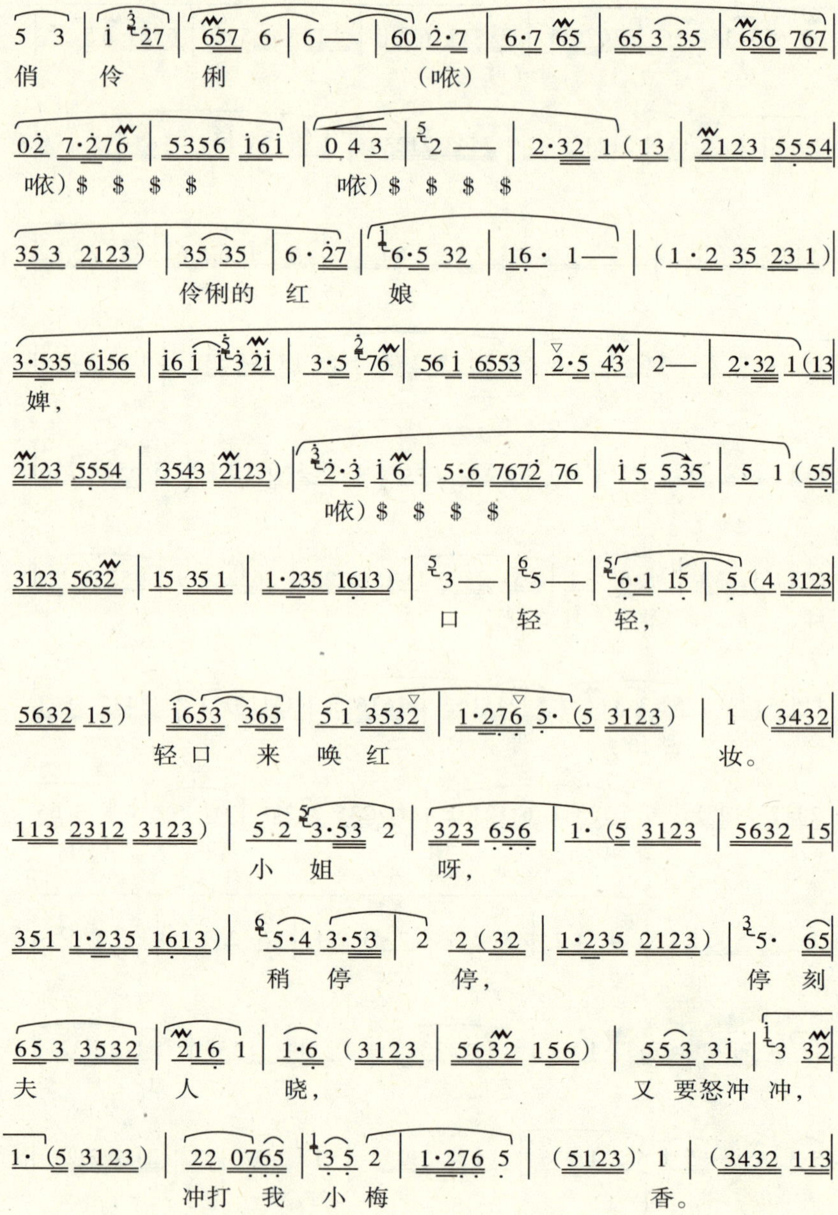
俏 伶 俐 (哝)
哝)
哝)
伶俐的 红 娘
婢，
哝)
口 轻 轻，
轻口 来 唤 红 妆。
小 姐 呀，
稍 停 停， 停 刻
夫 人 晓， 又 要怒冲 冲，
冲打 我 小 梅 香。

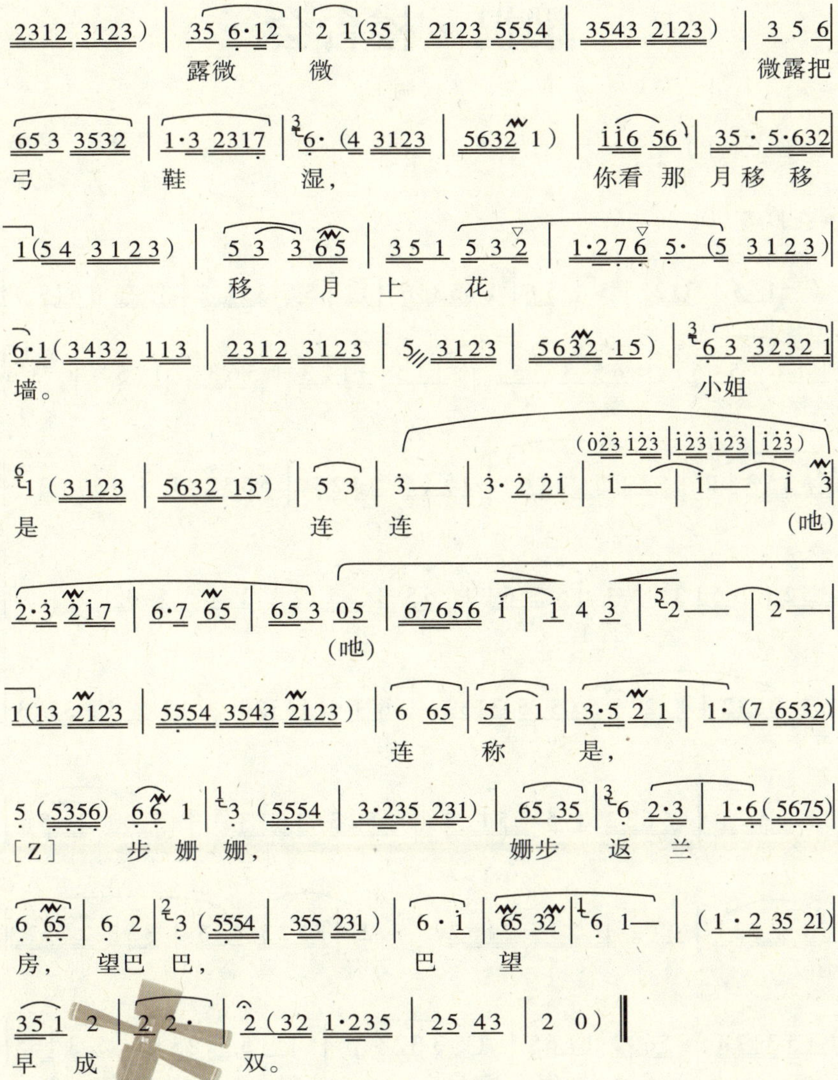
露微 微 微露把
弓 鞋 湿， 你看 那 月 移 移
移 月 上 花
墙。 小姐
是 连 连 (吔)
(吔)
连 称 是，
[Z] 步 姗 姗， 姗步 返 兰
房， 望巴 巴， 巴 望
早 成 双。

梁祝·楼台会

（侯调）

邢晏芝　弹唱

陈　勇　记谱

1＝E（或F）　2/3　3/4

J0 ＄ D

（32 1 54 3123 ｜4 5 1 56 ｜6 1 65356 i1i ｜5 5 351.2 ｜3523 1613）｜

i i6 5 6i ｜65 3 35. ｜1）5 3123 ｜5632 1 5）｜5 3 6
八字　　衙　门　　　　　　　　　　　　　　少青

65353 2 ｜532 1.216 ｜1）15 3123 ｜5632 1 5 351.2
天，

3523 1613）｜i i16 5 6i ｜65 3 3532 ｜1（5 5 3123 ）｜
官官　　相　护

51 3532 ｜1.276 5（5.5 3132）｜6 1 （3432 ｜1 13 2312 3523 ｜
古来　　　　　言。

4 5 3523 ｜5632 1 5 351.2 ｜3523 1613 ）｜5 6i i656
马家

53.3121 ｜2（2 1.235 2132）｜3 3 2 ｜3523 4.5 ｜353 2.123 ｜
有　　财　　　又有　势，

1.（5 3123 ｜5632 1）65 ｜1 5 3 32326 ｜1.（5 3123 ）｜5.3 165
你 梁兄　　家　　无势

7 32 1.276 ｜5 （5 5 3123）｜6 1 （3432 ｜1 13 2312 3523 ｜
又无　　　　钱。

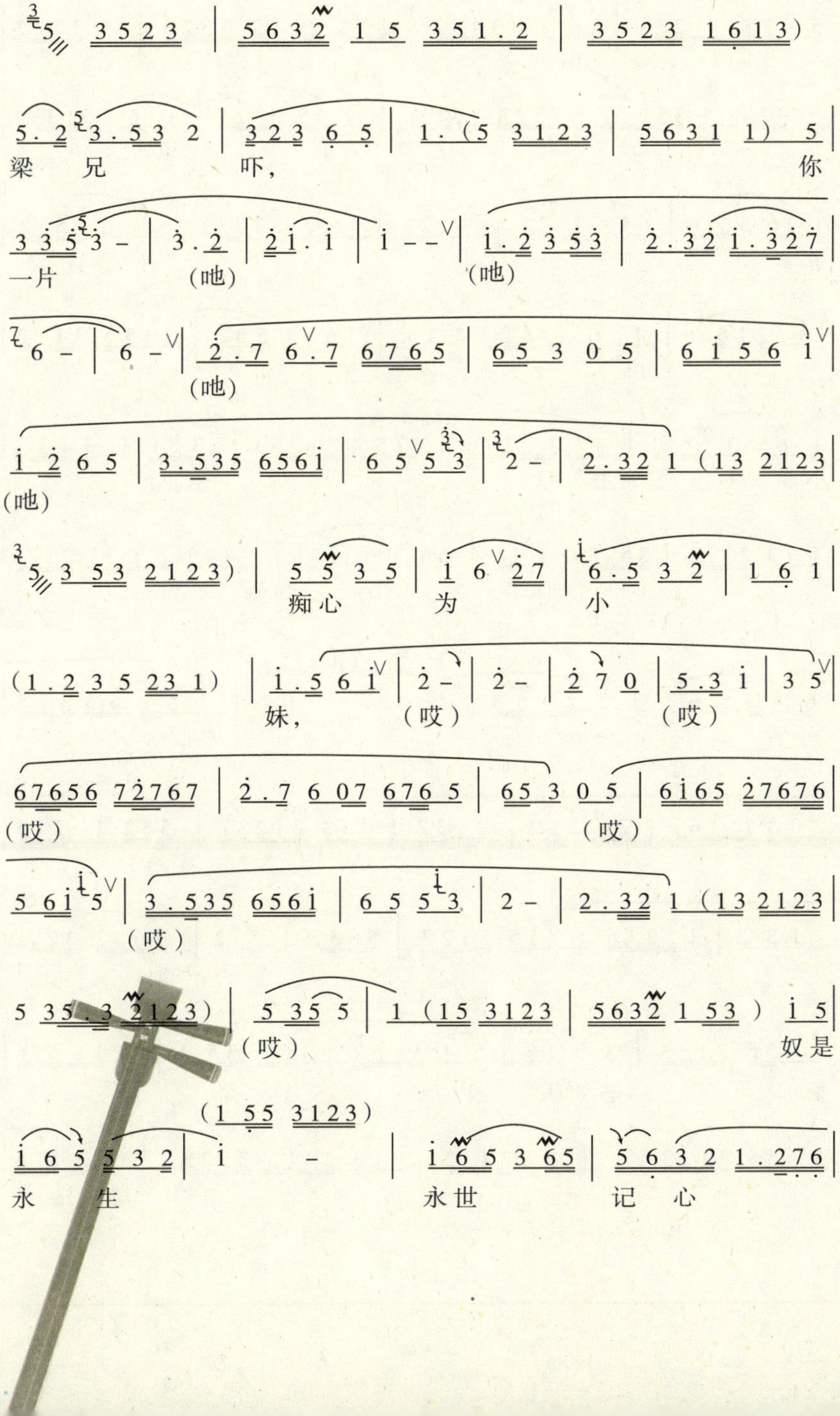
梁 兄 吓， 你
一片 (吔) (吔)
(吔)
(吔)
痴心 为 小
妹， (哎) (哎)
(哎) (哎)
(哎)
(哎) 奴是
永 生 永世 记 心

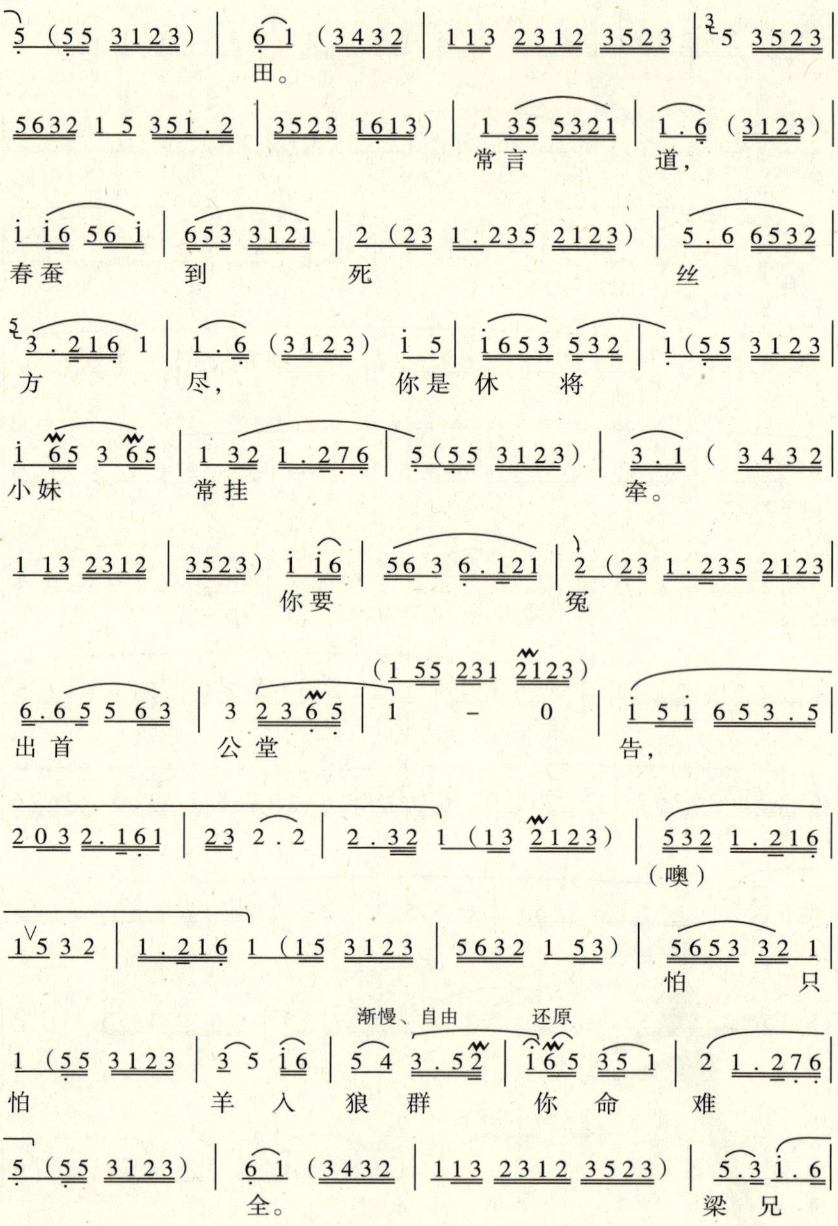
田。
常言 道，
春蚕 到 死 丝
方 尽， 你是休将
小妹 常挂 牵。
你要 冤
出首 公堂 告，
（噢）
怕 只
渐慢、自由
还原
怕 羊 入 狼 群 你 命 难
全。 梁 兄

5 5 5 3 2 | 5 3 2 1.2 1 6 | 1.(4 3 1 2 3 | 5 6 3 2 1 5 3) | 5 3 |
吓，　　　　　　　　　　　　　　　　　　　　　　　　梁

(0 4 | 3 4 3 2 1 6 1 2 3 5 2 3)

1.3 2 1 6 5 | 5 4 5 | 3 - | 3 - 0 |
家

5 5 3 5 | 1.2 7 6 | 7 5. | 1(5 5 3 1 2 3 | 5 6 3 2 1 2 5 3)
瞧 有 你 单 丁

1.5 6 1 | 2.5 3 2 | 1 6 1 | 0 3 2 1 | 1 3 5 2 7 6
子，

5 6 4 3 | 2 - 2.3 2 | 1 (1 3 2 1 2 3 | 5 3 5 3 2 1 2 3)

5.6 7 2 | 2 7 6 7 6 7 | 0 2 7.6 | 7 5. | 1 (1 5 3 1 2 3
望

5 6 3 2 1 5 3) | 5 6 1 6 5 6 | 6 5 3 3 5 3 2 | 1 (5 5 3 1 3 2) |
望 君 尊 重

3 3 5 2 3 | 5.6 5 3 2 3 2 1 6 | 1.(5 3 1 3 2 | 5 6 3 2 1)5 3 |
莫 等 闲；　　　　　　　　　　　　　　　　　　你

稍自由
5 3 | 1 - | 1 - | 1.2 6 5 | 2.3 2 3 5 1 |
另 娶　　　　　　（吁）

还原
1 6 5 5 3 6 | 2 0 | 2.2 1 2 | 3 1 (3 1 2 3 | 5 6 3 2 1 5 3) |
（吁）

1 1 6 5 3 6 5 | 5 1 5 3 2 | 1.2 7 6 5 (5 5 5 1 2 3) | 6 1 (3 5 | 1 -) ‖
淑 女 把 姻 联。

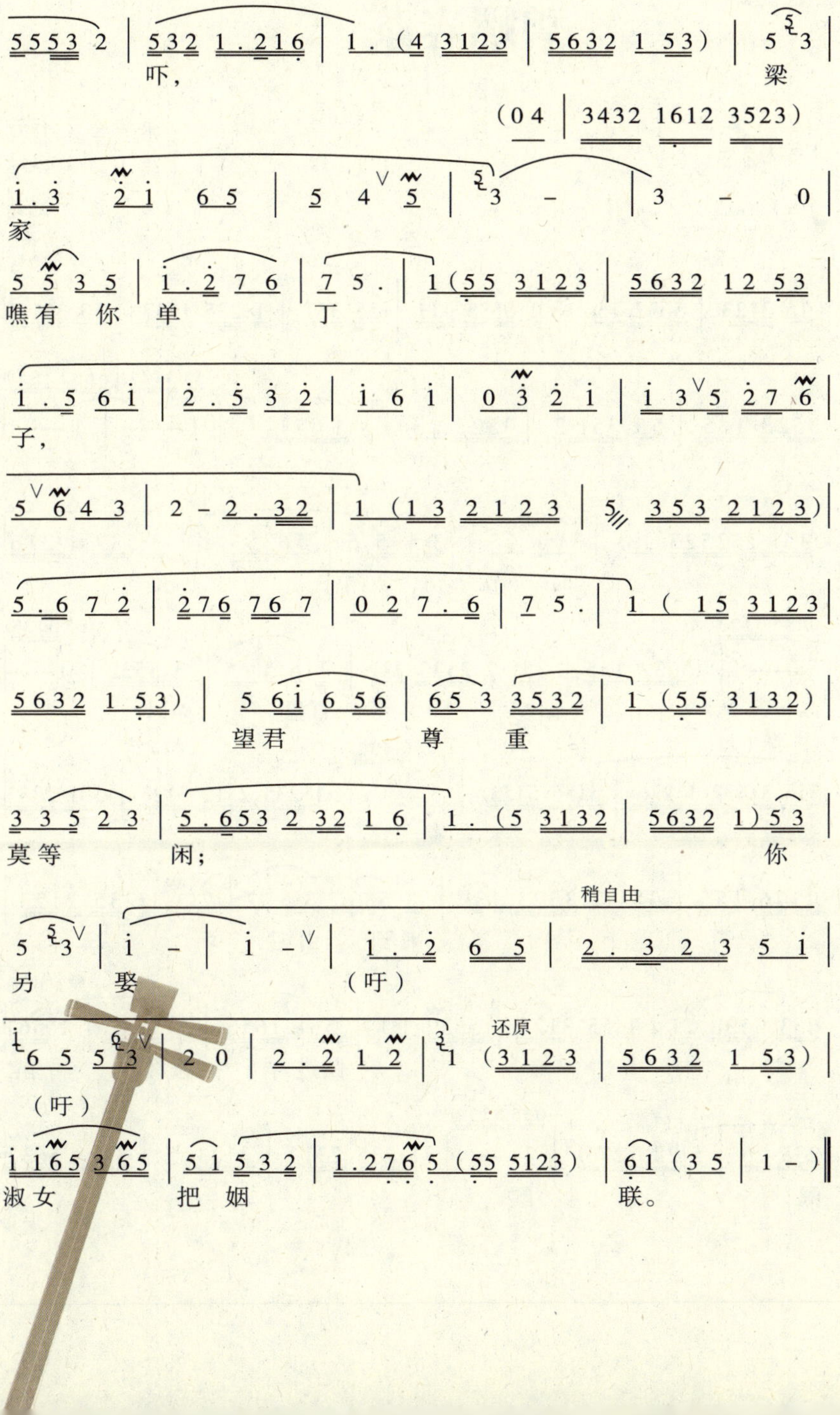

碧螺春茶

（侯调）

朱寅全　作词
侯小莉　弹唱
陈勇　记谱

1 = D $\frac{2}{4}$ $\frac{3}{4}$

♩ = 约60

（15 3123 | 5632 156 | i 6535 iii | 55 351 | 1·235 1613 | 55 351·2

3523 135 | 55 351·2 | 3523 13） | i 653 5 | 1— | 1—

（055 3123 | 5632 155）

　　　　　　　　　　　　　春　　分

（351·2 3523 13） | 3·i 65 | 3·535 6 | 56353 2 | 3·532 1·216

　　　　　　　　时　节　访　洞　　　　庭，

（055 3123）

6 1— | （5632 155 | 351·2 3523 13） | ii6 5 65 | 3 3532 | 1—

百　里　　　茶　讯

（05 3123）

556 3·532 1·276 | 5（56 5123） | 3 1· | （1·235 2312 3123 | 501 2353

碧　螺　　　　　　　　春。

（3532）

2176 155 | 351·2 3523 13） | 3 5 6 | 3·5 2 | 2（2 1·235 2123）

来　到　山　坞

653 3532 21 | 1（55 3123 | 5632 13） | 561 i656 | 3 3532 | 1 561

香　　扑　鼻，　　　　　　　　踏进　茶林　醉

稍自由地

235 76 | 5（22 7276） | 1— | （1·235 2312 | 3123 5 | 3123 5632

醺　　　　　　醺。

还原

（055 6532）

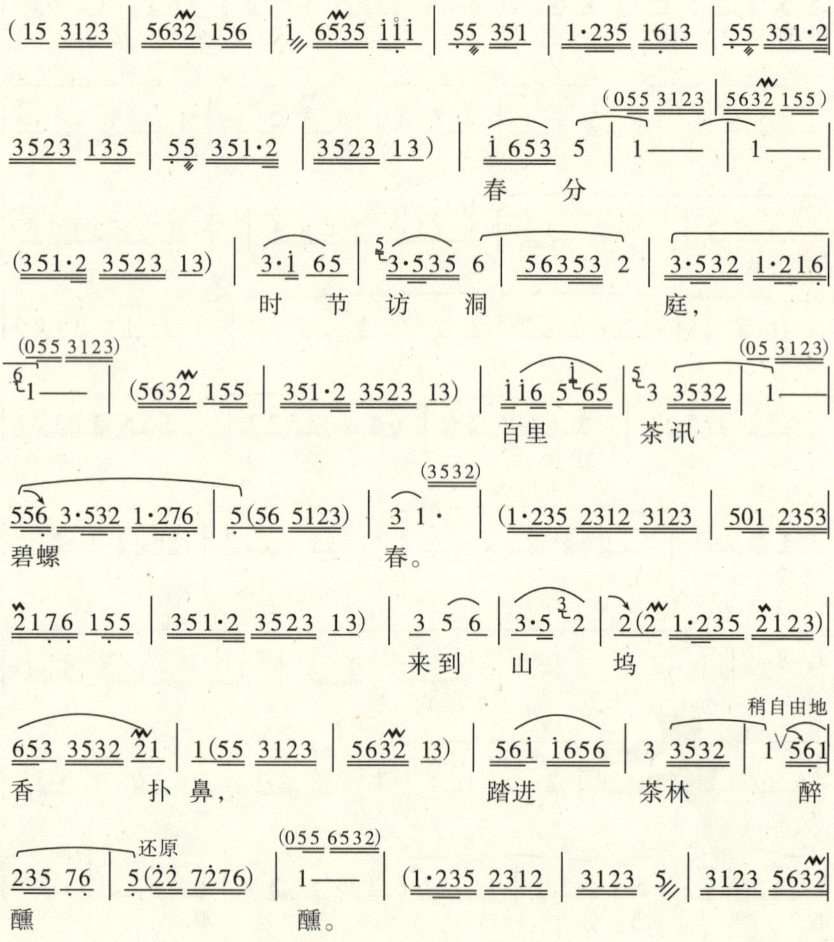

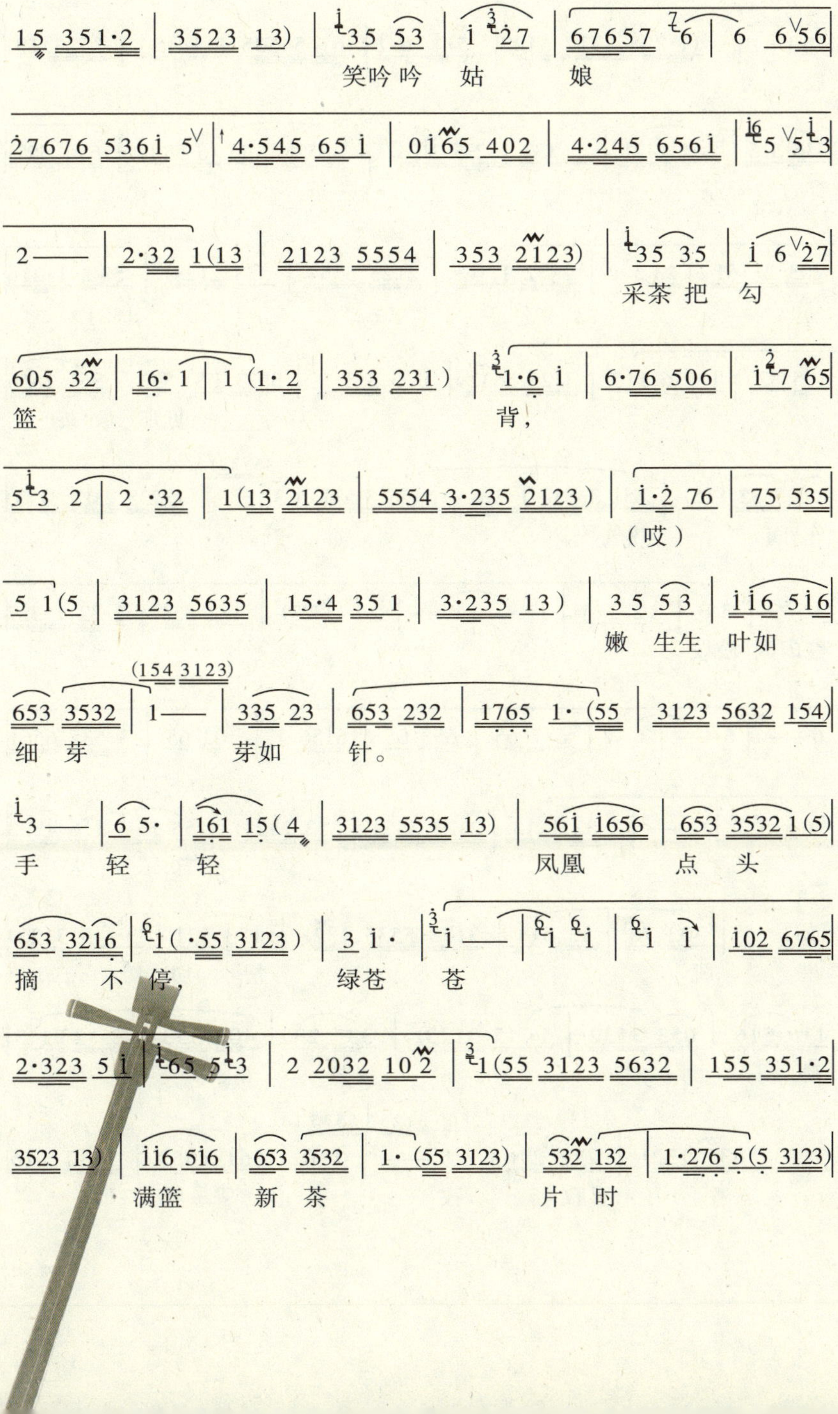

15 351·2 | 3523 13) | ⅰ35 53 | ⅰ27 | 67657 7̇6 | 6 6 56 |

笑吟吟 姑　娘

27676 536ⅰ 5ᵛ | 4·545 65 ⅰ | 0ⅰ65 402 | 4·245 656ⅰ | 16 5 5ⅰ3 |

2 — | 2·32 1(13 | 2123 5554 | 353 2123) | ⅰ35 35 | ⅰ 6 27 |

采茶把　勾

605 32 | 16·1 | 1 (1·2 | 353 231) | 1·6 ⅰ | 6·76 506 | ⅰ7 65 |

篮　　　　　　　　　　　　　背，

53 2 | 2 ·32 | 1(13 2123 | 5554 3·235 2123) | ⅰ·2 76 | 75 535 |

（哎）

5 1(5 | 3123 5635 | 15·4 35 1 | 3·235 13) | 35 53 | ⅰⅰ6 5ⅰ6 |

嫩 生生　叶如

653 3532 | 1 — | 335 23 | 653 232 | 1765 1·(55 | 3123 5632 154) |

(154 3123)

细芽　芽如　针。

ⅰ3 — | 6 5· | ⅰ61 15(4 | 3123 5535 13) | 561 ⅰ656 | 653 3532 1(5) |

手 轻　轻　　　　　　　　凤凰　点头

653 3216 | 1(·55 3123) | 3 ⅰ· | ⅰ — | ⅰ ⅰ | ⅰ ⅰ | 102 6765 |

摘 不 停，　绿苍 苍

2·323 5ⅰ | 65 5̇3 | 2 2032 102 | 1(55 3123 5632 | 155 351·2 |

3523 13) | ⅰⅰ6 5ⅰ6 | 653 3532 | 1·(55 3123) | 532 132 | 1·276 5(5 3123) |

满篮　新茶　　　　　　片时

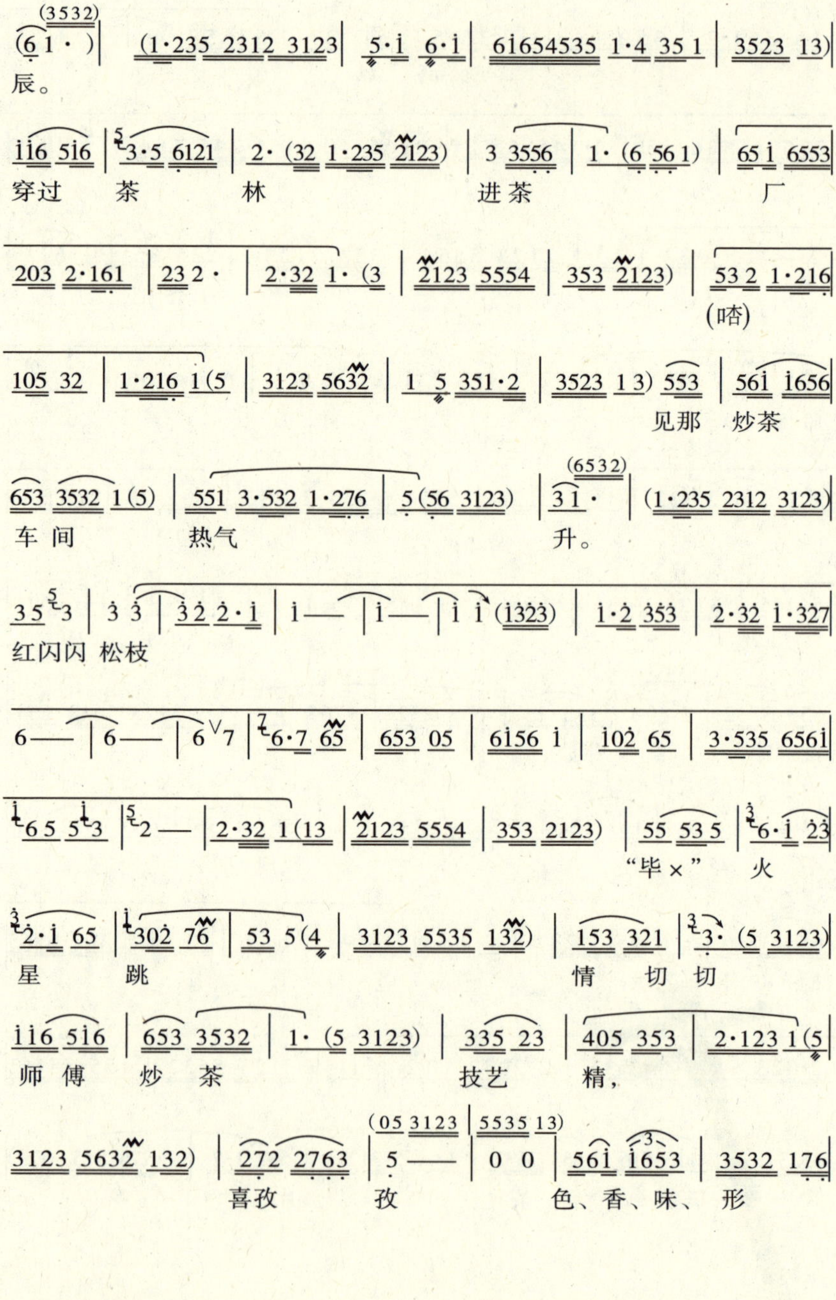

(6 1·) | (1·235 2312 3123 | 5·1 6·1 | 6i654535 1·4 35 1 | 3523 13)
辰。

ii6 5i6 | 3·5 6121 | 2· (32 1·235 2123) | 3 3556 | 1· (6 561) | 65 i 6553
穿过　茶　林　　　　　进茶　　厂

203 2·161 | 23 2· | 2·32 1· (3 | 2123 5554 | 353 2123) | 53 2 1·216
　　　　　　　　　　　　　　　　　　　　　　　　　　　　　(啥)

105 32 | 1·216 1(5 | 3123 5632 | 1 5 351·2 | 3523 13) 553 | 56i i656
　　　　　　　　　　　　　　　　　　　　　　　　　　　见那　炒茶

653 3532 1(5) | 551 3·532 1·276 | 5(56 3123) | 3i· (1·235 2312 3123)
车 间　　热气　　　　　　　　升。

35 3 | 3 3 | 32 2·i | i— i— i i (1323) | 1·2 353 | 2·32 1·327
红闪闪 松枝

6— | 6— | 6 7 | 6·7 65 | 653 05 | 6i56 i | i02 65 | 3·535 656i

655 53 | 2— | 2·32 1(13 | 2123 5554 | 353 2123) | 55 53 5 | 6·i 23
　　　　　　　　　　　　　　　　　　　　　　　　　　"毕×"　火

2·i 65 | 302 76 | 53 5(4 | 3123 5535 132) | 153 321 | 3·(5 3123)
星 跳　　　　　　　　　　　　　情 切切

ii6 5i6 | 653 3532 | 1·(5 3123) | 335 23 | 405 353 | 2·123 1(5
师傅 炒茶　　　　　　　技艺　精,

(05 3123 5535 13)
3123 5632 132) | 272 2763 | 5— 0 0 | 56i i653 | 3532 176
喜孜 孜　　　　　　　色、香、味、形

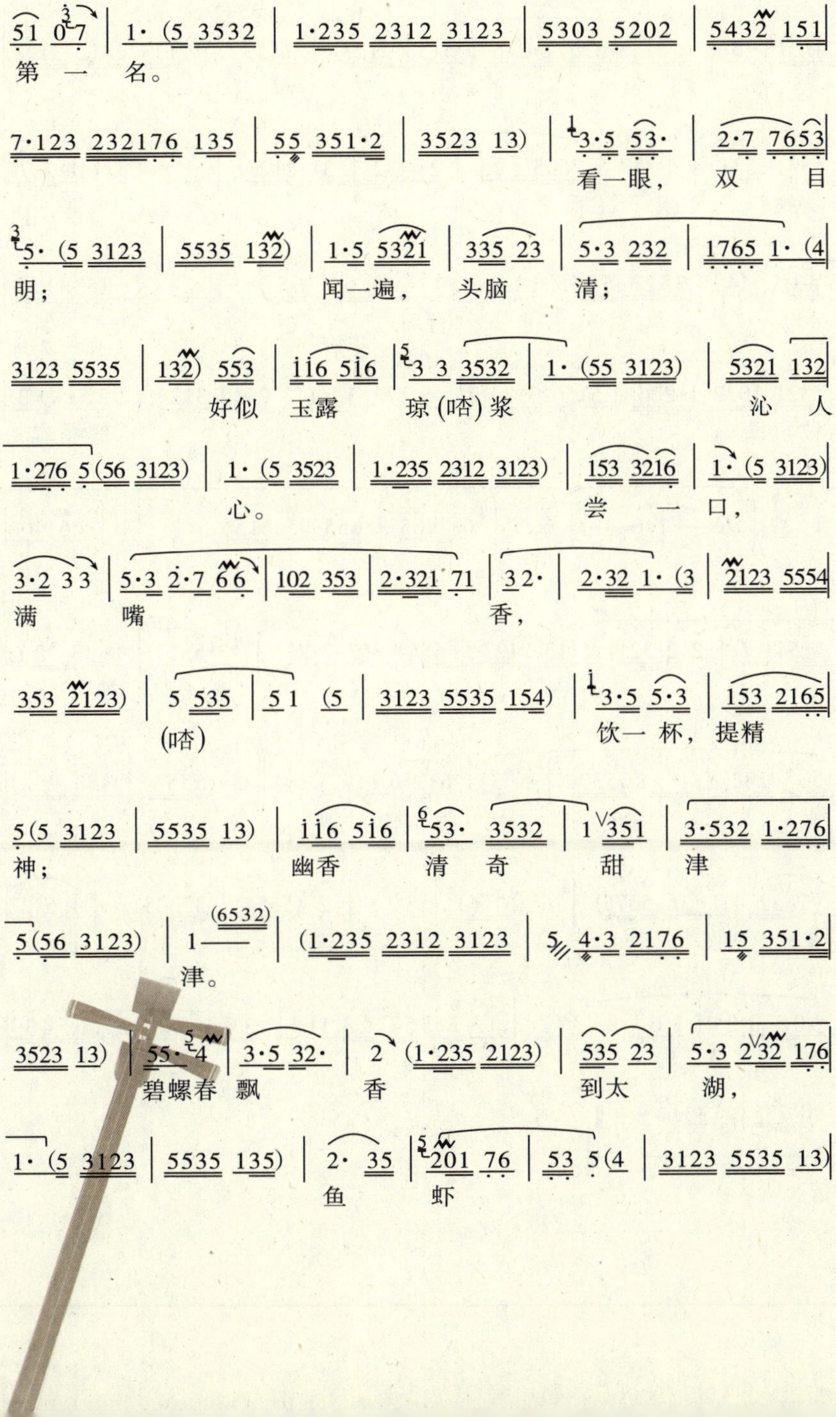

$\underline{5\,\dot{1}}$ $\underline{0\,\overset{3}{7}}$ | $\dot{1}\cdot$ ($\underline{5}$ $\underline{3532}$ | $\dot{1}\cdot\underline{235}$ $\underline{2312}$ $\underline{3123}$ | $\underline{5303}$ $\underline{5202}$ | $\underline{543\overset{\frown}{2}}$ $\underline{151}$ |
第　一　　名。

$\underline{7\cdot123}$ $\underline{232176}$ $\underline{135}$ | $\underline{55}$ $\underline{351\cdot2}$ | $\underline{3523}$ $\underline{13}$) | $\underline{3\cdot5}$ $\underline{53}\cdot$ | $\underline{2\cdot7}$ $\underline{7653}$ |
　　　　　　　　　　　　看一眼，　双　目

$\overset{3}{5}\cdot$ ($\underline{5}$ $\underline{3123}$ | $\underline{5535}$ $\underline{13\overset{\frown}{2}}$) | $\dot{1}\cdot\underline{5}$ $\underline{532\dot{1}}$ | $\underline{335}$ $\underline{23}$ | $\underline{5\cdot3}$ $\underline{232}$ | $\underline{1765}$ $1\cdot$ (4 |
明；　　　　　　　　闻一遍，　头脑　清；

$\underline{3123}$ $\underline{5535}$ | $\underline{132}$) $\underline{553}$ | $\underline{\dot{1}\dot{1}6}$ $\underline{5\dot{1}6}$ | $\overset{5}{\underline{3\,3}}$ $\underline{3532}$ | $\dot{1}\cdot$ ($\underline{55}$ $\underline{3123}$) | $\underline{532\dot{1}}$ $\underline{132}$ |
　　　　　　　好似　玉露　琼(啥)浆　　　　　沁人

$\underline{1\cdot276}$ $\underline{5(56}$ $\underline{3123}$) | $\dot{1}\cdot$ ($\underline{5}$ $\underline{3523}$ | $\dot{1}\cdot\underline{235}$ $\underline{2312}$ $\underline{3123}$) | $\underline{153}$ $\underline{3216}$ | $\dot{1}\cdot$ ($\underline{5}$ $\underline{3123}$) |
心。　　　　　　　　　　　　　　　尝　一　口，

$\underline{3\cdot2}$ $\overset{3}{3\,3}$ | $\underline{5\cdot3}$ $\underline{2\cdot7}$ $\underline{6\overset{\frown}{6}}$ | $\underline{102}$ $\underline{353}$ | $\underline{2\cdot321}$ $\underline{71}$ | $\underline{3\,2}\cdot$ | $\underline{2\cdot32}$ $1\cdot$ (3 | $\overset{\frown}{2}\underline{123}$ $\underline{5554}$ |
满　嘴　　　　　　　　　香，

$\underline{353}$ $\underline{2\overset{\frown}{1}23}$) | 5 $\underline{535}$ | $\underline{5\,\dot{1}}$ ($\underline{5}$ | $\underline{3123}$ $\underline{5535}$ $\underline{154}$) | $\underline{3\cdot5}$ $\underline{5\cdot3}$ | $\underline{153}$ $\underline{2165}$ |
(啥)　　　　　　　　　　　　　　　饮一杯，提精

5($\underline{5}$ $\underline{3123}$ | $\underline{5535}$ $\underline{13}$) | $\underline{\dot{1}\dot{1}6}$ $\underline{5\dot{1}6}$ | $\overset{6}{\underline{53}}\cdot$ $\underline{3532}$ | $1$$\vee$$\underline{351}$ | $\underline{3\cdot532}$ $\underline{1\cdot276}$ |
神；　　　　　　幽香　清奇　甜　津

$\underline{5(56}$ $\underline{3123}$) | 1—$\overset{(6532)}{\text{—}}$ | ($\dot{1}\cdot\underline{235}$ $\underline{2312}$ $\underline{3123}$ | $\underline{4\cdot3}$ $\underline{2176}$ | $\underline{15}$ $\underline{351\cdot2}$ |
津。

$\underline{3523}$ $\underline{13}$) | $\underline{55}\cdot\overset{5}{4}$ | $\underline{3\cdot5}$ $\underline{32}\cdot$ | 2 ($\dot{1}\cdot\underline{235}$ $\underline{2123}$) | $\underline{535}$ $\underline{23}$ | $\underline{5\cdot3}$ $\underline{2}\vee\overset{\frown}{32}$ $\underline{176}$ |
碧螺春 飘　　香　　　　　　到太　湖，

$\dot{1}\cdot$ ($\underline{5}$ $\underline{3123}$ | $\underline{5535}$ $\underline{135}$) | $\underline{2\cdot}$ $\underline{35}$ | $\overset{5}{\underline{201}}$ $\underline{76}$ | $\underline{53}$ 5(4 | $\underline{3123}$ $\underline{5535}$ $\underline{13}$) |
鱼　　虾

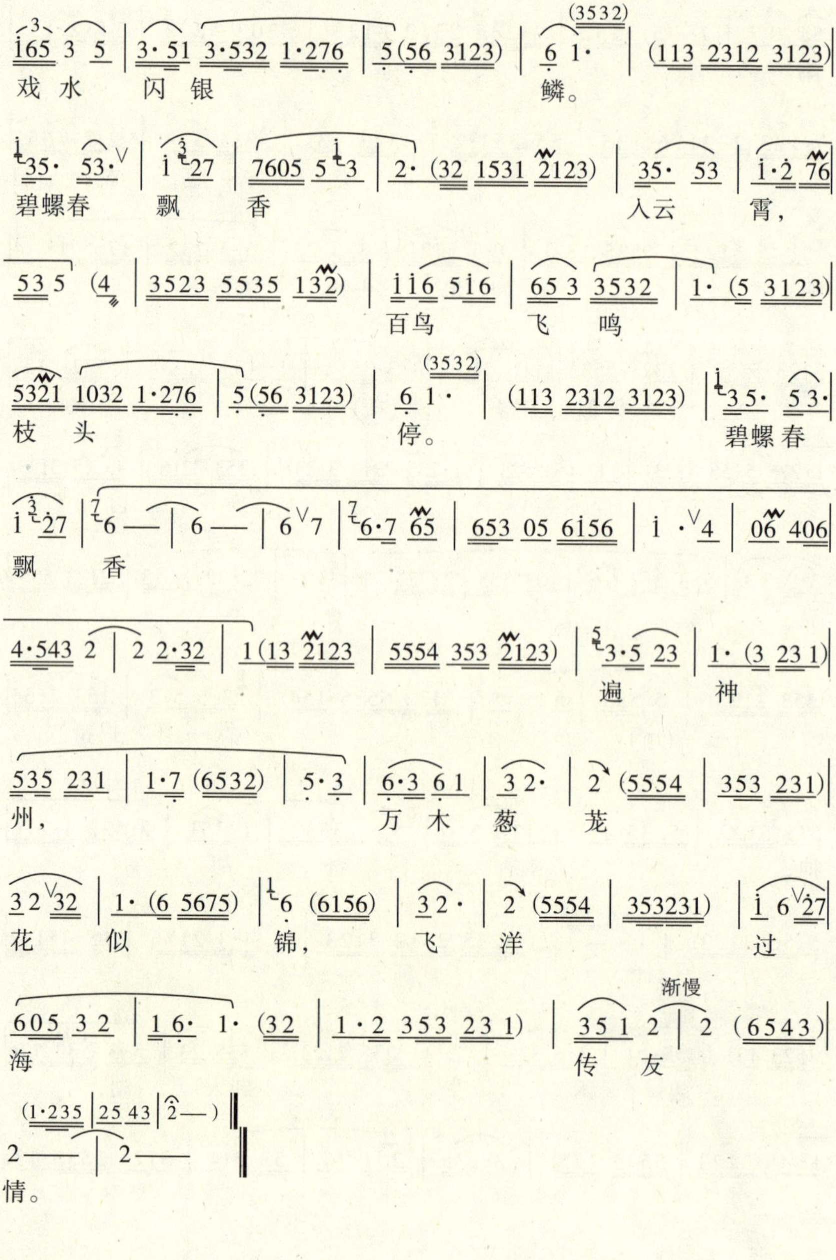

1̇65 3 5 | 3·51 3·532 1·276 | 5(56 3123) | 6 1· | (113 2312 3123)
戏水　闪银　　　　　　　　　　鳞。

1̇35· 53· | 1̇27 | 7605 5 1̇3 | 2·(32 1531 2̇123) | 35· 53 | 1̇·2 76
碧螺春　飘　香　　　　　　　　　　入云　霄,

53 5 (4 | 3523 5535 13̇2) | 1̇16 51̇6 | 65 3 3532 | 1·(5 3123)
　　　　百鸟　飞　鸣

5321 1032 1·276 | 5(56 3123) | 6 1· | (113 2312 3123) | 35· 53·
枝　头　　　　　　停。　　　　　　　　　碧螺春

1̇3 27 | 7 6 — | 6 — | 6 7 | 7 6·7 65 | 653 05 61̇56 | 1̇ ·4 | 06 406
飘　香

4·543 2 | 2 2·32 | 1(13 2̇123 | 5554 353 2̇123) | 3·5 23 | 1·(3 23 1)
　　　　　　　　　　　　　　　　　遍　神

535 231 | 1·7 (6532) | 5·3 | 6·3 61 | 3 2· | 2(5554 | 353 231)
州,　　　　　　万木 葱 茏

3 2 32 | 1·(6 5675) | 6 (6156) | 3 2· | 2(5554 | 353231) | 1̇ 6 27
花　似　锦,　飞 洋　　　　　　过

渐慢
605 32 | 16· 1· (32 | 1·2 353 23 1) | 35 1 2 | 2 (6543)
海　　　　　　　　传 友

(1·235 | 25 43 | 2̂—)
2 — | 2 —
情。

附录二　手迹

侯莉君与朱寅全、蔡蕙华夫妇

寅全、蕙华：

每当来电话总是大铭代接，谢谢您来电慰问，也不能听，不能答，你们知情定能谅解。

收到你的信，读了多遍，没有多少字，但字字是情，句句是真心实意，得到的安慰，得到的是温暖。虚虚实实，真真假假，字里行间尽能了然。寅全，不要为我难过，人生自古谁无死，已过古稀之年，无所谓了。什么病痛都上就说。自问一生没有什么成绩，不懂为人之道，但自问还是单纯憨厚的，若有对不起别人的地方也是在无知中所犯，有意识的难为人家似乎还不致于，谢谢你对我的理解。

3月份手术，出院后即到南京休养，蒙明明夫妇尽心照料一月后，5月3日回上海。这场大病6个子女全尽孝道，国外孩子我挡住一个也别回来，反而添麻烦，回来无济于事，总之也过去了，每天传真、电话相互联系。苦了这里三兄弟。目前情况在家休养，老母九十九，大铭残疾，我也残疾，相依为命，相互照料。你们的心已经到了，衷心的感谢！千万不能来上海，这里房子拆迁一片混乱，家里老弱病残无人招待，我们是亲人实话实说，又来了害我手足无措。我们之间无须虚假，我能够恢复好些自会来苏州会面。欠了多少多少的人情债，目前精力不佳，无法偿还，过一阶段再说。你定能理解了吧，有空来信告些情况总够足够了。

蕙华好福气，一家幸福愉快，称心如意，真正知足矣了，我为你们祝福，好人有好报，吃得苦中苦，方为人上人，你们

侯莉君手迹：致朱寅全夫妇的信（1）

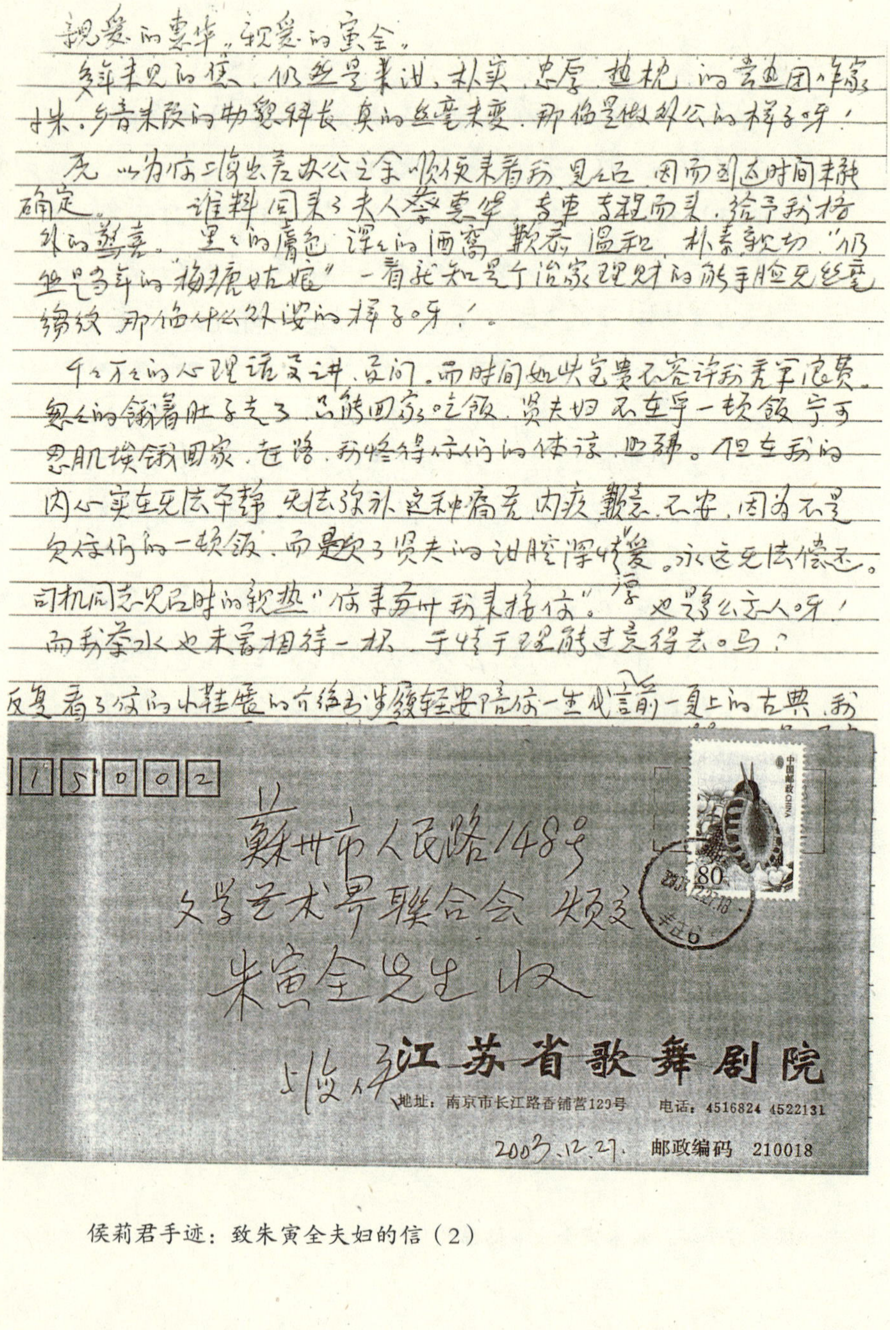
亲爱的惠华，敬爱的寅全：

多年未见的您，仍然是未进、朴实、忠厚、热忱的苏州团作家朱。多年未改的勃勃精神，真的丝毫未变。那倒是做外公的样子呀！

原以为你工作出差办公之余顺便来看我见见面，因而到达时间未能确定。谁料同来了夫人蔡惠华，专车专程而来，给予我格外的惊喜。黑黑的眉毛，深深的酒窝，歉疚，温和，朴素亲切，"仍然是当年的"梅塘姑娘"，一看就知是个治家理财的能手，脸无丝毫皱纹，那倒什么外婆的样子呀！

千千万万的心里话要讲、要问。而时间如此宝贵不容许我多浪费。急急的饿着肚子走了，只能回家吃饭。贤夫妇不在乎一顿饭，宁可忍饥挨饿回家，赶路，我懂得你们的体谅、照顾。但在我的内心实在无法平静，无法弥补这种痛苦，内疚，歉意，不安，因为不是欠你们的一顿饭，而是欠了贤夫妇的一腔深情厚爱。永远无法偿还。司机同志见面时的亲热"你辛苦啦，我来接你"，也是多么亲人呀！而我茶水也未曾相待一杯，于情于理能过意得去吗？

反复看了你的小桂香的介绍步履轻盈陪你一生代言前一页上的古典，我

215002

苏州市人民路148号
文学艺术界联合会 烦交
朱寅全先生 收

侯莉君

江苏省歌舞剧院
地址：南京市长江路香铺营129号 电话：4516824 4522131
2003.12.27. 邮政编码 210018

侯莉君手迹：致朱寅全夫妇的信（2）

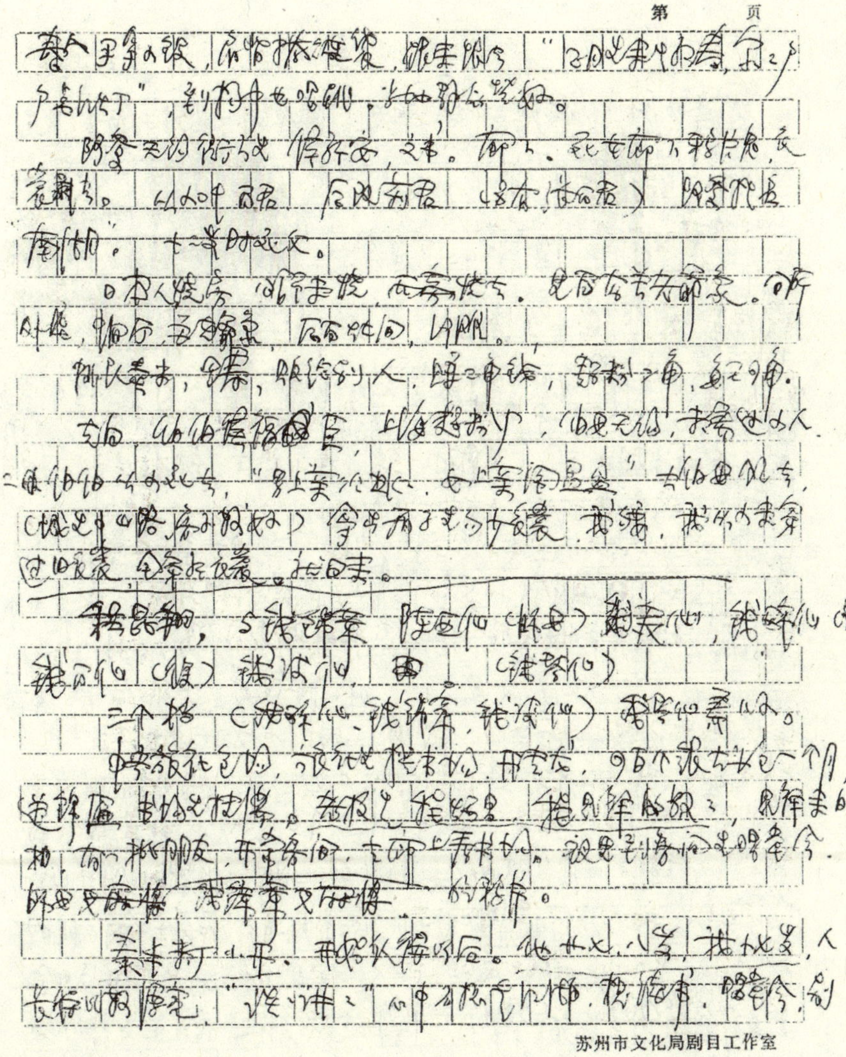

朱寅全手迹：在南京采访侯莉君（1）

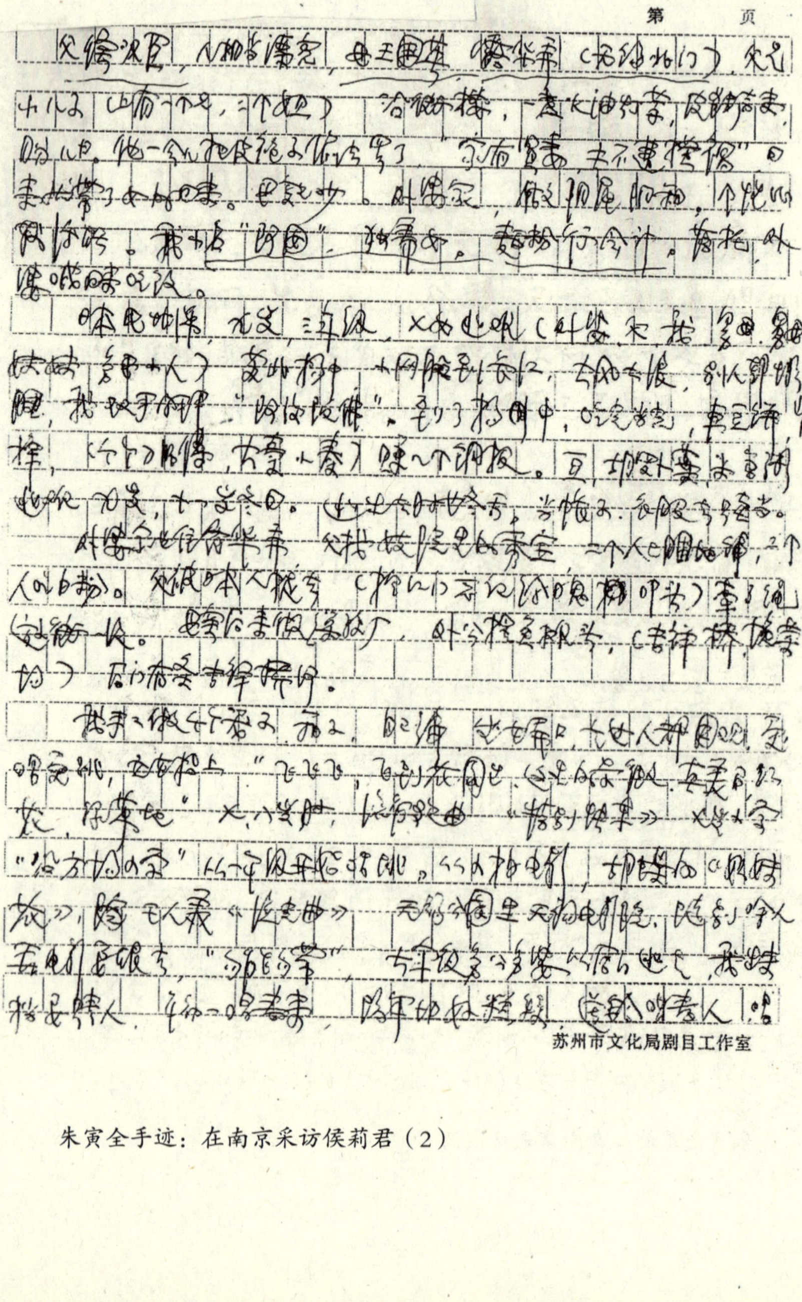

朱寅全手迹：在南京采访侯莉君（2）

后　记

朱寅全

编著完《评弹艺术家侯莉君》一书，我如释重负，心里安然了许多。

勤奋敬业，淡泊名利，甘于奉献，服务人民，侯老师是我尊敬的一位长者。她先后在上海、常熟、苏州、南京等评弹、曲艺团工作，博采众人之长，不断探索，孜孜不倦，创造了弹词流派唱腔——侯调。她平易近人，低调为人，习艺动人，坎坷惊人。我和她接触较多，谈艺术，谈创作，讲心话，讲实话，她留给我的信件有三十封之多。在她退休定居上海之际，有几个部门要为她开一个演唱专场，并建议我为她搞一个专集。我正在酝酿计划之时，她突发心脏病，医治无效，驾鹤西行，留下了宝贵的艺术遗产。

转眼已有十年，我心里十分遗憾。近年来，从发扬和传承非物质文化遗产的角度，我在古稀之年决心完成这个心愿。在她的子女、学生、姐妹、同行的关切帮助下，经过采访、回忆、征集、整理，编著了这本集子，纪念和缅怀侯莉君老师，同时告慰她在天之灵。

在编著、出版的过程中，得到了中国曲协苏州评弹艺术委员会、江苏省曲艺家协会、苏州市文化广电新闻出版局、苏州市文学艺术界联合会、苏州评弹艺术促进会等单位的鼓励和支持，在此表示诚挚的感谢。

图书在版编目（CIP）数据

评弹艺术家侯莉君 / 朱寅全编著. —上海：文汇出版社，2015.7

ISBN 978-7-5496-1554-4

Ⅰ. ①评… Ⅱ. ①朱… Ⅲ. ①侯莉君（1925）—生平事迹 Ⅳ. ① K825.78

中国版本图书馆 CIP 数据核字（2015）第 172910 号

评弹艺术家侯莉君

著作权人 / 朱寅全
责任编辑 / 熊　勇
特约编辑 / 张　琦
装帧设计 / 刘　啸

出版发行 / 文匯出版社
上海市威海路755号
（邮政编码200041）
印刷装订 / 苏州市华美教育印刷有限公司
版　　次 / 2015年7月第1版
印　　次 / 2015年7月第1次印刷
开　　本 / 787×1092　1/16
字　　数 / 150千
印　　张 / 8.5

ISBN 978-7-5496-1554-4
定　　价 / 39.00元